Das Buch

Was sollte die Inquisition aufklären? Wo lehrte Jesus das Vaterunser? Was sollte ein gläubiger Moslem einmal im Leben gemacht
haben? Religionen beeinflussen die große Politik und prägen den
Alltag der Menschen. Denn im Glauben sind Werte und Grund-
sätze verankert, nach denen wir leben und die uns kulturell prägen. Daher gilt auch für Atheisten: Wer sich mit Religion aus-
kennt, versteht die Welt besser. Testen Sie Ihr Wissen!

Die Autoren

Martin Doerry, geboren 1955, ist promovierter Historiker und
arbeitet seit 1987 für den SPIEGEL in Hamburg. Zunächst war er
Bildungsredakteur, später Leiter des Kulturressorts sowie des
Ressorts Deutsche Politik. Seit 1998 ist er stellvertretender
Chefredakteur.

Markus Verbeet, geboren 1974, ist promovierter Jurist und arbeitet seit 2003 für den SPIEGEL, derzeit als Redakteur im
Deutschlandressort für den Bereich Bildung. Er ist Absolvent
der katholischen Journalistenschule Institut zur Förderung pub-
lizistischen Nachwuchses.

Martin Doerry / Markus Verbeet

WIE GUT IST IHRE ALLGEMEINBILDUNG?

Religion

**Der große SPIEGEL-Wissenstest
zum Mitmachen**

Kiepenheuer & Witsch

MIX
Papier aus verantwor-
tungsvollen Quellen
FSC® C083411

Verlag Kiepenheuer & Witsch, FSC®-N001512

1. Auflage 2011

Umschlaggestaltung: Barbara Thoben, Köln
Umschlagmotiv: © mipan – www.fotolia.com
Gestaltung und Satz Innenteil: Felder KölnBerlin
Gesetzt aus der Foundry
Druck und Bindung: CPI – Clausen & Bosse, Leck
ISBN 978-3-462-04368-6

INHALT

EINLEITUNG

Religion prägt unseren Alltag, auch heute noch. Natürlich wird niemand mehr gezwungen, sich zu Gott zu bekennen oder irgendein höheres Wesen zu verehren. Jeder hat die Möglichkeit, Kirchen zu meiden, Götter zu leugnen, Religionen zu verteufeln. »Die Freiheit des Glaubens, des Gewissens und die Freiheit des religiösen Bekenntnisses sind unverletzlich«, so garantiert es das Grundgesetz. Und schließt dabei selbstverständlich die Freiheit ein, nicht zu glauben und nichts zu bekennen.

Doch ein Leben, das an allem Religiösen vorbeiführt, gibt es in Deutschland nicht. Wie die Nachrichten verfolgen, ohne religiös motivierte Konflikte in aller Welt zur Kenntnis zu nehmen? Wie ein großes Kunstmuseum besuchen, ohne mit Darstellungen biblischer Gestalten und Geschichten konfrontiert zu sein? Wie denn Weihnachten ignorieren? Man muss nicht glauben, dass Gott allgegenwärtig ist, um zu erkennen, dass die Religionen es sind: keine Silhouette einer deutschen Stadt ohne Kirchturm.

Selbst unsere Zeitrechnung beginnt mit dem Jahr, das zu dem Jahr erklärt worden ist, in dem ein gewisser Jesus geboren wurde. Und wer heute – 2000 Jahre nach Christus – die Feiertage in Deutschland durchzählt, stellt schnell fest, dass diese Tage christlichen Ursprungs sind. Ausnahmen wie der 1. Mai oder der 3. Oktober bestätigen nur die Regel. Ob so viele christliche Feiertage unserer Gesellschaft noch angemessen sind, darüber lässt sich natürlich lange diskutieren. Werden sie mit gelebtem Glauben verbunden?

Oder sind sie nur noch Folklore und, wenn ja, sollten sie dann abgeschafft werden?

Solange es diese Feiertage aber gibt, sollten aufgeklärte Bürger wissen, was manche Nachbarn an diesen Tagen bewegt. Ähnlich verhält es sich mit Symbolen wie dem Kruzifix im Klassenzimmer oder dem Kopftuch der Lehrerin: Dagegen sein ist selbstverständlich möglich, aber unmöglich macht sich, wer gar nicht weiß, warum diese Symbole den Gläubigen wichtig sind. Denn sie werfen eine der großen Fragen unseres Zusammenlebens auf. Es ist die Gretchenfrage, die unsere Gesellschaft zu beantworten hat: Nun sag, wie hast du's mit der Religion?

Dementsprechend verlangt der deutsche Staat von allen, die von außen kommen und dazugehören wollen, im Einbürgerungstest eine gewisse Kenntnis auch in religiösen Dingen. Da darf von allen, die hier aufgewachsen sind, wohl noch ein bisschen mehr erwartet werden. Man muss nicht glauben, dass die Bibel tatsächlich Gottes Wort ist, aber was drinsteht, sollte man schon ungefähr wissen. Und man muss auch nicht in die Kirche gehen; was sich dort abspielt, sollte freilich kein Geheimnis sein, und dasselbe gilt natürlich auch für eine Moschee und eine Synagoge.

Wie aber steht's um Ihre Kenntnisse, wie gut wissen Sie Bescheid? Dieses Buch bietet Ihnen einen Test mit 150 Fragen (darunter eine, die sich auch im Einbürgerungstest findet, Nr. 62). So können Sie sich selbst prüfen – und sich dann über Ihr Wissen freuen oder Ihr Unwissen ärgern.

Der Test besteht aus fünf Teilen. Zu Beginn geht es um die Bibel: Wie gut kennen Sie Altes und Neues Testament? Der zweite Teil des Tests beschäftigt sich mit der Geschichte der Kirche, der dritte mit dem kirchlichen Leben in Deutschland heute. Der vierte Teil weitet den Blick und fragt nach den anderen großen Religionen der Welt. Der fünfte Teil geht über Glaubens- und Kirchenfragen hinaus und beschäftigt sich mit einer Disziplin, die vielfältige Verbindungspunkte aufweist: der Philosophie. Wie Sie am Test teilnehmen, steht in der Gebrauchsanweisung ab Seite 15.

Um die Frage, was man heute über Religion wissen sollte, geht es auch in einem Interview mit der prominentesten Protestantin Deutschlands. Margot Käßmann konstatiert ab Seite 131: »Es ist doch wichtig, dass wir Traditionen teilen, uns auf gemeinsame Grundlagen berufen können, ja auch über sie streiten können – selbst dafür müssen wir sie aber kennen.« Ein zweites Interview befasst sich mit dem Zustand der katholischen Kirche. Der Theologe und Priester Hans Küng sagt voller Bedauern, »dass das kirchliche Leben in vielen Ländern auf Gemeindeebene weithin zusammengebrochen ist«. Der dritte Interviewpartner ist ein Mensch, der vermutlich noch bekannter ist als die beiden anderen, aber öffentlich nur sehr selten mit seinem Glauben in Verbindung gebracht wird: der Katholik Thomas Gottschalk. »Ich bin mit diesem Glauben aufgewachsen und habe bisher keinen Grund gehabt, ihn aufzugeben«, bekennt er und gibt seine Kenntnisse des Kirchenlateins zum Besten, erworben unter anderem in vielen Jahren als Ministrant.

Keine Sorge: Von Latein bleiben Sie in diesem Buch weitgehend verschont. Knifflig sind viele Testfragen freilich schon, und wenn manche auch unterhaltsam sein mögen, dann sind sie nicht ohne Absicht so formuliert. Denn dieses Buch will die Freude an der Wissensprobe vermitteln und zur weiteren Beschäftigung mit den Religionen anregen. In diesem Sinne wünschen wir Ihnen: viel Erfolg beim SPIEGEL-Wissenstest RELIGION!

DER GROSSE
SPIEGEL-
WISSENSTEST

Religion

DIE GEBRAUCHSANWEISUNG

1 Wie mache ich mit?

Suchen Sie sich einen ruhigen Platz, nehmen Sie einen Stift in die Hand und halten Sie eine Uhr mit Sekundenzeiger im Blick. Los geht's – Sie haben 30 Sekunden pro Aufgabe. Wenn Sie bis dahin keine Antwort gefunden haben, springen Sie zur nächsten Aufgabe.

2 Wie ermittle ich mein Ergebnis?

Vergleichen Sie Ihre Antworten mit den Lösungen ab Seite 97. Für jede richtige Antwort geben Sie sich einen Punkt. In jedem der fünf Themengebiete können Sie maximal 30 Punkte erreichen.

Zahl der richtigen Antworten pro Themengebiet

28 – 30 = sehr gut
23 – 27 = gut
18 – 22 = befriedigend
13 – 17 = ausreichend
weniger als 13 = mangelhaft

DIE FRAGEN
DIE BIBEL

FRAGE 1

Nach dem Bericht, mit dem das erste Buch Mose beginnt, benötigte Gott mehrere Tage, um die Welt zu erschaffen. Womit begann er?

1 Land   O
2 Tiere   O
3 Licht   O
4 Menschen   O

FRAGE 2

Worum geht der Streit vor König Salomo, bis dieser sein berühmtes Urteil fällt?

1 Kuh   O
2 Geld   O
3 Ehre   O
4 Kind   O

FRAGE 3

Aus wie vielen Stämmen bestand das Volk Israel?

1 3   O
2 7   O
3 12   O
4 33   O

FRAGE 4

Wo lehrt Jesus das Vaterunser?

1   In der Bergpredigt   O
2   Beim Abendmahl   O
3   Am Kreuz   O
4   Im Tempel   O

FRAGE 5

Wie hindert Gott die Turmbauer von Babel?

1   Sintflut
2   Sturm
3   Apokalypse
4   Sprachverwirrung

Was enthielt die Bundeslade?

1   Steintafeln mit den Zehn Geboten   O
2   Goldenes Kalb   O
3   Siebenarmigen Leuchter   O
4   Opfertiere   O

Jesus sprach ...

1   Griechisch.   O
2   Aramäisch.   O
3   Lateinisch.   O
4   Hebräisch.   O

Abraham hat einen Sohn namens Isaak. Der wiederum hat mehrere Söhne, darunter:

1   David   O
2   Josef   O
3   Ismael   O
4   Jakob   O

FRAGE 9

»Wer von euch ohne Sünde ist, werfe als Erster einen Stein auf sie«: Wen rettet Jesus mit diesen Worten vor der Steinigung?

1	Ehebrecherin	O
2	Diebin	O
3	Mörderin	O
4	Leprakranke	O

FRAGE 10

Eine Strafe Gottes: Lots Frau erstarrt zur Salzsäule. Warum eigentlich?

1	Weil sie ein lasterhaftes Leben führt.	O
2	Weil sie sich nach Sodom umdreht.	O
3	Weil sie zu lange fastet und zu wenig trinkt.	O
4	Weil sie vom Baum mit den verbotenen Früchten nascht.	O

FRAGE 11

Als Jesus zwölf Jahre alt ist, verlieren seine Eltern ihn in Jerusalem aus den Augen. Wo steckt er?

1	Bei seinen Jüngern	O
2	Auf einem Schiff	O
3	Im Tempel	O O
4	In der Herberge	O

FRAGE 12

Wer wurde als Säugling in einem Schilfkästchen auf einem Fluss treibend gefunden?

1   Jona
2   Mose
3   Christophorus
4   David

FRAGE 13

Im Buch Kohelet wird gewarnt: Ist einer träge, so senkt sich das ...

1   Einkommen.   O
2   Haupt.   O
3   Himmelsgewölbe.   O
4   Gebälk.   O

FRAGE 14

Wann erkennen die Männer in Emmaus, dass es sich bei ihrem Begleiter um Jesus handelt? Als Jesus ...

1   die Schrift auslegt.   O
2   seine Wundmale zeigt.   O
3   das Brot bricht.   O
4   ein Gebet spricht.   O

FRAGE 15

Wer zählt nicht zu den Propheten des Alten Testaments?

1   Johannes der Täufer   O
2   Jeremia   O
3   Hesekiel (Ezechiel)   O
4   Hiob (Ijob)   O

FRAGE 16

Jesus sagt zu Petrus: Ehe der Hahn kräht, wirst du mich ...

1 vermissen.   O

2 verleugnen.   O

3 wiedersehen.   O

4 umbringen.   O

FRAGE 17

Was hatte der Pharao nicht, hätte er aber gut gebrauchen können, als er Mose und die Israeliten am Auszug aus Ägypten hindern wollte?

1 Heer   O

2 Pferd   O

3 Wagen   O

4 Schwimmweste   O

FRAGE 18

Was fehlt bei der Hochzeitsfeier in Kana?

1 Wasser   O

2 Brot   O

3 Wein   O

4 Blumen   O

FRAGE 19

Unter den zwölf Aposteln gibt es mehrere mit gleichen Vornamen. Welcher der folgenden Namen kommt doppelt vor?

1 Johannes

2 Judas

3 Jakobus

4 Jonas

FRAGE 20

Wie beginnt das Johannesevangelium?

1 Aller Anfang ist schwer. O

2 Im Anfang schuf Gott Himmel und Erde. O

3 Christus, gestern und heute, Anfang und Ende. O

4 Im Anfang war das Wort. O

FRAGE 21

Was bringen die Weisen aus dem Morgenland laut dem Matthäusevangelium nicht mit?

1   Weihrauch
2   Silber
3   Gold
4   Myrrhe

FRAGE 22

Wer nimmt Jesus vom Kreuz ab und legt den Leichnam ins Grab?

1   Josef von Arimathäa   O
2   Maria, seine Mutter   O
3   Maria aus Magdala   O
4   Petrus   O

FRAGE 23

Wem schreibt Paulus keinen Brief?

1   Philipper   O
2   Philemon   O
3   Römer   O
4   Philister   O

FRAGE 24

Kurz vor seinem Tod zieht Jesus in Jerusalem ein und wird von der Menge bejubelt. Wie bewegt er sich vorwärts?

1   In einer Sänfte   O
2   Auf einem Esel   O
3   Zu Fuß   O
4   Auf einem Kamel   O

FRAGE 25

Im ersten Buch Samuel wird berichtet, dass David den Riesen Goliat besiegt. Womit kämpft David?

1   Sichelschwert aus Bronze

2   Eiserner Speer

3   Steinschleuder

4   Axt

FRAGE 26

Im Alten Testament wird Daniel in eine Grube mit gefährlichen Wesen geworfen. Worum handelt es sich?

1 Rattengrube   O
2 Löwengrube   O
3 Schlangengrube   O
4 Mördergrube   O

FRAGE 27

Vor der Kreuzigung kommt anstelle von Jesus ein anderer Mann frei. Wie heißt er?

1 Barabbas   O
2 Zachäus   O
3 Alberich   O
4 Siegfried   O

FRAGE 28

Jesus hatte ...

1 nur Brüder.   O
2 nur Schwestern.   O
3 mehrere Brüder, mehrere Schwestern.   O
4 keine Geschwister, er war ein Einzelkind.   O

FRAGE 29

Wie viele Bücher Mose gibt es?

1   1
2   3
3   5
4   7

FRAGE 30

Eva wird aus Adams Rippe geformt. Woraus aber wird Adam hergestellt?

1 Weidengeflecht O

2 Papyrus O

3 Bronze O

4 Erde O

DIE FRAGEN
KIRCHENGESCHICHTE

FRAGE 31

Wie lautet der hebräische Geburtsname des Apostels
Paulus?

1   Pinchas   O
2   Saul   O
3   Lukas   O
4   Judas   O

FRAGE 32

Welcher Papst hat einen entscheidenden Beitrag zum
Sturz des Kommunismus in Europa geleistet?

1   Johannes Paul I.   O
2   Johannes Paul II.   O
3   Paul VI.   O
4   Pius XII.   O

FRAGE 33

In welcher Stadt in Kleinasien ließ Kaiser Konstantin im
Jahre 325 n. Chr. das erste Reichskonzil stattfinden?

1   Konstantinopel   O
2   Troja   O
3   Izmir   O
4   Nicäa   O

FRAGE 34

Von wem stammt der Satz »Nichts ist gut in Afghanistan«?

1   Bischöfin Maria Jepsen

2   Kardinal Reinhard Marx

3   Bischöfin Margot Käßmann

4   Theologe Hans Küng

FRAGE 35

Welches Ideal strebte der Mönch Franz von Assisi im 13. Jahrhundert für sich und seine Mitbrüder an?

1   Bekehrung der Ungläubigen   O

2   Ein Leben in Armut und Demut   O

3   Abkehr vom Papst in Rom   O

4   Vegetarische Ernährung   O

FRAGE 36

Die frühen Christen versteckten sich in Rom in den ...

1 Hieroglyphen.   O
2 Kasernen.   O
3 Kanälen.   O
4 Katakomben.   O

FRAGE 37

Welcher Kirchenvater hat Anfang des fünften
Jahrhunderts nach Christus den Begriff der
Erbsünde eingeführt?

1 Augustinus   O
2 Eusebius   O
3 Athanasius   O
4 Ambrosius   O

FRAGE 38

Mit welcher Versammlung hat Papst Johannes XXIII.
eine Reformbewegung in der katholischen Kirche in
Gang gebracht?

1 Erstes Vatikanisches Konzil 1869/70   O
2 Zweites Vatikanisches Konzil 1962–1965   O
3 Konzil von Trient 1545–1563   O
4 Gründung der Deutschen Bischofskonferenz 1848   O

FRAGE 39

Martin Luther soll am 31. Oktober 1517 zahlreiche Thesen an die Tür der Schlosskirche zu Wittenberg geschlagen haben. Wie viele?

1 55

2 75

3 85

4 95

FRAGE 40

Benedikt von Nursia regelte im Jahre 529 Fragen des klösterlichen Zusammenlebens. Was bedeutet seine Regel »Ora et labora«?

1   Diene und herrsche
2   Sei wachsam und tugendhaft
3   Bete und arbeite
4   Sei keusch und fromm

FRAGE 41

Um dem Kirchenbann zu entgehen, musste sich der deutsche König Heinrich IV. dem Papst Gregor VII. unterwerfen. Was unternahm der König im Jahre 1077?

1   Pilgerreise auf dem Jakobsweg   O
2   Gang nach Canossa   O
3   Kinder-Kreuzzug   O
4   Wallfahrt nach Lourdes   O

FRAGE 42

Wie rechtfertigten die spanischen Eroberer die gewaltsame Missionierung der Indianer Mittelamerikas im 16. Jahrhundert?

1   Mit den Goldschätzen der Indianer   O
2   Mit der Entdeckung des Seeweges nach Indien   O
3   Mit der Versklavung billiger Arbeitskräfte   O
4   Mit den angeblichen Menschenopfern der Maya
    und Azteken   O

FRAGE 43

Wer ist das?

1   Uta von Naumburg   ●
2   Mutter Teresa   ●
3   Queen Victoria   ●
4   Rosa Luxemburg   ●

FRAGE 44

Welche von den Muslimen beherrschte Stadt eroberten die Kreuzfahrer im Jahre 1099?

1 Mekka   O
2 Kairo   O
3 Bagdad   O
4 Jerusalem   O

FRAGE 45

Wer wurde im 14. Jahrhundert für die Verbreitung der Pest in Europa verantwortlich gemacht?

1 Mönche   O
2 Muslime   O
3 Juden   O
4 Zigeuner   O

FRAGE 46

Welcher Gelehrte zählte nicht zu den Reformatoren des 16. Jahrhunderts?

1 Ignatius von Loyola   O
2 Philipp Melanchthon   O
3 Ulrich Zwingli   O
4 Johannes Calvin   O

FRAGE 47

Was stand auf dem Koppelschloss deutscher Wehrmachtsoldaten im Zweiten Weltkrieg?

1 Führer, wir folgen Dir

2 Gott mit uns

3 Für Volk und Vaterland

4 Das Heilige Reich

FRAGE 48

Unter Androhung von Folter zwang die katholische Kirche den Wissenschaftler Galileo Galilei im Jahre 1633 zur Rücknahme seiner Lehre, ...

1 dass die Erde eine Scheibe ist.   O

2 dass Menschen kein Gold herstellen können.   O

3 dass Päpste nicht unfehlbar sind.   O

4 dass sich die Erde um die eigene Achse und
   um die Sonne dreht.   O

FRAGE 49

In welcher französischen Stadt residierten die Päpste
und Gegenpäpste zwischen 1309 und 1377?

1   Paris   O
2   Avignon   O
3   Amiens   O
4   Marseille   O

FRAGE 50

Von welchem Theologen stammt der Lehrsatz über
den Sex in der Ehe »In der Woche zwier schadet weder
ihm noch ihr«?

1   Joseph Ratzinger (Papst Benedikt XVI.)   O
2   Martin Luther   O
3   Eugen Drewermann   O
4   Hans Küng   O

FRAGE 51

Die Inquisition im späten Mittelalter sollte unter
anderem Folgendes aufklären:

1   Ehebruch   O
2   Meineid   O
3   Fahnenflucht   O
4   Hexerei   O

FRAGE 52

Welche Lebensregel katholischer Priester wird von katholischen Laienverbänden und manchen deutschen Bischöfen heute infrage gestellt?

1   Kein Sex vor der Ehe

2   Verbot von Verhütungsmitteln

3   Der Pflichtzölibat

4   Beschäftigung einer Haushälterin

FRAGE 53

Nach der Reformation einigten sich die Fürsten des Heiligen Römischen Reichs Deutscher Nation auf den Grundsatz »Cuius regio, eius religio«. Was war damit gemeint?

1 Der Glaube der Mehrheit der Bevölkerung wird zur Staatsreligion erklärt.   O

2 Der Glaube der Minderheit muss in jeder Region toleriert werden.   O

3 Ein Wechsel vom katholischen Glauben zum Protestantismus ist nicht mehr möglich.   O

4 In jedem Fürstentum ist allein der Glaube des jeweils herrschenden Fürsten zugelassen.   O

FRAGE 54

Seit dem 10./11. Jahrhundert entwickelte sich das Ablasswesen. Was genau war ein Ablass?

1 Eine Geldspende an die Kirche zur Tilgung oder Verkürzung der Sündenstrafen   O

2 Die Zahlung einer Geldsumme an den Sieger im Strafprozess   O

3 Eine Blutspende an Kranke und Behinderte   O

4 Eine Spende für Obdachlose   O

FRAGE 55

Anhänger welcher protestantischen Glaubensgemeinschaft wurden 1572 bei der Bartholomäusnacht in
Paris ermordet?

1   Katharer   O
2   Hugenotten   O
3   Calvinisten   O
4   Mennoniten   O

FRAGE 56

Mit welchem Abkommen wurde 1648 der Dreißigjährige Krieg, der auch ein Konfessionskonflikt war,
beendet?

1   Versailler Friedensvertrag   O
2   Potsdamer Abkommen   O
3   Pakt von Sanssouci   O
4   Westfälischer Frieden   O

FRAGE 57

Welcher Kirchenkritiker wurde 1415 beim Konzil in
Konstanz verurteilt und dann bei lebendigem Leib
auf dem Scheiterhaufen verbrannt?

1   John Wyclif   O
2   Giordano Bruno   O
3   Jan Hus   O
4   Girolamo Savonarola   O

FRAGE 58

Wer ist das?

FRAGE 59

Wer profitierte im Jahre 1803 von der Säkularisation, also der Aufhebung der Kirchengüter und geistlichen Herrschaft in Deutschland?

1   Die weltlichen Fürsten   O
2   Der preußische Klerus   O
3   Die Industrie- und Handelskammer   O
4   Die Burschenschaften an den Universitäten   O

FRAGE 60

**Welcher Teil Europas wurde zu Beginn des
8. Jahrhunderts von den Muslimen erobert?**

1   Italien   O

2   Ungarn   O

3   Spanien   O

4   Griechenland   O

DIE FRAGEN
KIRCHLICHES LEBEN

FRAGE 61

Was heißt »Evangelium«?

1	Die Bibel	O
2	Wort des Herrn	O
3	Frohe Botschaft	O
4	Heilige Schrift	O

FRAGE 62

Pfingsten ist ein ...

1	deutscher Gedenktag.	O
2	internationaler Trauertag.	O
3	bayerischer Brauch.	O
4	christlicher Feiertag.	O

FRAGE 63

Ein katholischer und ein evangelischer Priester feiern öffentlich gemeinsam das Abendmahl. Wer muss danach mit Problemen rechnen?

1	Der Katholik	O
2	Der Protestant	O
3	Keiner	O
4	Beide	O

FRAGE 64

Ein bekanntes Kirchenlied beginnt so: Großer Gott, wir loben Dich, Herr, wir preisen Deine ...

1   Werke.

2   Güte.

3   Stärke.

4   Größe.

FRAGE 65

Welcher der folgenden Tage ist in jedem deutschen Bundesland ein Feiertag?

1   Mariä Himmelfahrt   O
2   Christi Himmelfahrt   O
3   Reformationstag   O
4   Heilige Drei Könige   O

FRAGE 66

Viele christliche Kirchen messen bestimmten Farben eine besondere liturgische Bedeutung zu. Welche Farbe wird an Weihnachten oder Ostern getragen?

1   Weiß   O
2   Violett   O
3   Schwarz   O
4   Grün   O

FRAGE 67

Was wird in einer Monstranz gezeigt?

1   Bibel   O
2   Reliquie   O
3   Kerze   O
4   Hostie   O

FRAGE 68

Im evangelischen Gottesdienst trägt der Pastor am Halsausschnitt ein rechteckiges weißes Leinenstück. Wie heißt es?

1 Barett

2 Beffchen

3 Stola

4 Schal

FRAGE 69

Wer erteilt an Ostern und Weihnachten den feierlichen Segen Urbi et orbi?

1 Bischöfe O

2 Kardinäle O

3 Priester O

4 Papst O

FRAGE 70

Wann beginnt in der katholischen und evangelischen Kirche das Kirchenjahr?

1 Heiligabend O
2 1. Advent O
3 Karfreitag O
4 Ostersonntag O

FRAGE 71

Wie lange dauert die Fastenzeit vor Ostern?

1 50 Tage O
2 40 Tage O
3 33 Tage O
4 Kein festgelegter Zeitraum, in jedem Jahr unterschiedlich O

FRAGE 72

Welche dieser Ordensgemeinschaften ist protestantisch?

1 Johanniter O
2 Jesuiten O
3 Benediktiner O
4 Franziskaner O

FRAGE 73

Was findet man nur in einer katholischen, aber nicht in einer evangelischen Kirche?

1	Taufbecken	O
2	Altar	O
3	Ambo	O
4	Beichtstuhl	O

FRAGE 74

Der Zweite Weihnachtstag (26. Dezember) ist der Gedenktag des ...

1	Petrus.	O
2	Stephanus.	O
3	Christophorus.	O
4	Jakobus.	O

FRAGE 75

In der Evangelischen Kirche in Deutschland (EKD) sind die lutherischen, reformierten und unierten Landeskirchen zusammengeschlossen. Wie viele?

1	2	O
2	22	O
3	42	O
4	62	O

FRAGE 76

An welchem Tag findet in der katholischen Kirche
die Fußwaschung statt?

1   Fronleichnam

2   Palmsonntag

3   Gründonnerstag

4   Buß- und Bettag

FRAGE 77

Wohin kommen in einer katholischen Kirche nach der Kommunion die Hostien, die übrig bleiben?

1 Müll

2 Krypta

3 Sakristei

4 Tabernakel

FRAGE 78

Wen gibt es sowohl in der katholischen wie in der evangelischen Kirche?

1 Kaplan   O

2 Vikar   O

3 Superintendent O

4 Bischöfin   O

FRAGE 79

Wer sitzt laut dem Apostolischen Glaubensbekenntnis rechts von Gott?

1	Der Heilige Geist	O
2	Maria	O
3	Josef	O
4	Jesus Christus	O

FRAGE 80

Wie beginnt das Kyrie?

1	Herr, erbarme Dich	O
2	Vater unser im Himmel	O
3	Ich glaube an Gott	O
4	Wir bitten Dich, erhöre uns	O

FRAGE 81

Das Fest Epiphanie beziehungsweise Epiphanias wird gefeiert im ...

1	Frühling.	O
2	Sommer.	O
3	Herbst.	O
4	Winter.	O

FRAGE 82

Katholiken und Protestanten in Deutschland zusammengerechnet: Wie viele von ihnen gehen regelmäßig sonntags in die Kirche?

1   weniger als 5 Prozent

2   5 bis 10 Prozent

3   11 bis 20 Prozent

4   mehr als 20 Prozent

FRAGE 83

Wodurch wird man Mitglied einer Kirchengemeinde?

1   Geburt   O

2   Taufe   O

3   Firmung   O

4   Konfirmation   O

FRAGE 84

**Das Apostolische Glaubensbekenntnis beginnt so:
Ich glaube an Gott, den Vater, den Allmächtigen, ...**

1   den Herrscher über Leben und Tod.   O

2   den Anfang und das Ende der Welt.   O

3   den Schöpfer des Himmels und der Erde.   O

4   den Richter über die Lebenden und Toten.   O

FRAGE 85

**Mit welchem Zeichen wird im Vatikan verkündet, dass
ein neuer Papst gewählt worden ist?**

1   Weihrauch   O

2   Weißer Rauch   O

3   Weiße Flagge   O

4   Glockengeläut   O

FRAGE 86

Was bedeutet Pastor wörtlich übersetzt?

1   Fels   O

2   Schaf   O

3   Engel   O

4   Hirte   O

FRAGE 87

An welchem dieser Wallfahrtsorte wird nicht in erster Linie die Gottesmutter Maria verehrt?

1 Tschenstochau (Polen)
2 Altötting (Deutschland)
3 Santiago de Compostela (Spanien)
4 Lourdes (Frankreich)

FRAGE 88

Wie heißt das gesetzgebende Gremium der Evangelischen Kirche in Deutschland?

1 Bischofskonferenz   O

2 Konklave   O

3 Arbeitskreis   O

4 Synode   O

FRAGE 89

Ein bekanntes Kirchenlied beginnt so: Lobe den Herren, ...

1 der alles so herrlich regieret.

2 lob ihn und schließe mit Amen.

3 was in mir ist, lobe den Namen.

4 den mächtigen König der Ehren.

FRAGE 90

Ohne wen kann nach katholischem Verständnis keine Heilige Messe gefeiert werden?

1   Gemeinde   O
2   Organist   O
3   Priester   O
4   Messdiener   O

DIE FRAGEN
RELIGIONEN DER WELT

FRAGE 91

Aus welchem Teil der Bibel finden sich Geschichten sowohl im Koran als auch in der Tora?

1   Altes Testament   O
2   Neues Testament   O
3   Altes und Neues Testament   O
4   Gar keine   O

FRAGE 92

Welcher Glaube wird nicht den monotheistischen Weltreligionen zugerechnet?

1   Christentum   O
2   Judentum   O
3   Buddhismus   O
4   Islam   O

FRAGE 93

Welches indianische Wort wurde von den christlichen Missionaren in Nordamerika für Gott verwendet?

1   Manitoba   O
2   Manitu   O
3   Tomahawk   O
4   Winnetou   O

FRAGE 94

Worauf berufen sich die Rastafaris bei ihrem Kampf gegen die Unterdrückung der Schwarzen?

1   Bibel
2   Koran
3   Talmud
4   Evangelisches Gesangbuch

FRAGE 95

Welche Religion missioniert grundsätzlich keine Andersgläubigen?

1 Islam   O
2 Christentum   O
3 Buddhismus   O
4 Judentum   O

FRAGE 96

Wo leben die meisten Muslime?

1 Indonesien   O
2 Saudi-Arabien   O
3 Ägypten   O
4 Iran   O

FRAGE 97

Welche Religion wird von den meisten Japanern praktiziert?

1 Buddhismus   O
2 Sufismus   O
3 Shintoismus   O
4 Sikhismus   O

FRAGE 98

In welche Richtung müssen Muslime beim Gebet niederknien?

1   Nach Kairo
2   Nach Teheran
3   Nach Osten
4   Nach Mekka

FRAGE 99

Der jüdische Begriff Bar Mizwa entspricht der christlichen ...

1   Taufe.   O
2   Konfirmation.   O
3   Hochzeit.   O
4   Totenfeier.   O

FRAGE 100

Wer ist das?

1 Mahatma Gandhi
2 Konfuzius
3 Laotse
4 Dalai Lama

FRAGE 101

In welchem Land der Welt leben die meisten Juden?

1 USA   O
2 Israel   O
3 Frankreich   O
4 Russland   O

FRAGE 102

Welches muslimische Heiligtum befindet sich auf dem Tempelberg in Jerusalem?

1   Kaaba   O
2   Felsendom   O
3   Mohammeds Grab   O
4   Al Azhar-Universität   O

FRAGE 103

Was ist keine muslimische Glaubensrichtung?

1   Schiiten   O
2   Sunniten   O
3   Ibaditen   O
4   Hussiten   O

FRAGE 104

Warum erkennen viele strenggläubige Juden den Staat Israel nicht an?

1   Weil auch Muslime auf dem Staatsgebiet Israels
    leben.   O
2   Weil nicht alle Juden den strengen Regeln der
    Orthodoxie folgen.   O
3   Weil der Staat Israel nicht den historischen
    Grenzen des biblischen Königreichs entspricht.   O
4   Weil erst nach der Ankunft des Messias ein
    solcher Staat gegründet werden kann.   O

FRAGE 105

Aus welchem alt-hinduistischen Lehrbuch stammt diese Darstellung?

1 Nirvana
2 Kamasutra
3 Karma
4 Samsara

FRAGE 106

Darstellungen des Shiva, eines der wichtigsten Götter des Hinduismus, zeigen ihn meist mit ...

1 drei Augen und vier Armen. O

2 schwarzer Hautfarbe. O

3 weißen Lilien in der Hand. O

4 goldenen Fußfesseln. O

FRAGE 107

Was ist orthodoxen Juden am Schabbat erlaubt?

1 Elektrisches Licht anschalten O

2 Kurze Spaziergänge O

3 Telefonieren O

4 Autofahren O

FRAGE 108

Wem dürfen tiefgläubige jüdische und muslimische Männer nicht die Hand geben?

1 Andersgläubigen O

2 Ausländern O

3 Fremden Frauen O

4 Kindern O

Wer ist das?

1   Ajatollah Chamenei
2   Ajatollah Chomeini
3   Schah Mohammed Resa von Persien
4   Mahmud Ahmadinedschad

FRAGE 110

Witwenverbrennungen waren Teil der Tradition des ...

1   Maoismus.   O
2   Hinduismus.   O
3   Taoismus.   O
4   Konfuzianismus.   O

FRAGE 111

Wie viele männliche religionsmündige Gläubige
müssen mindestens anwesend sein, um einen
jüdischen Gottesdienst abzuhalten?

1   13
2   12
3   10
4   7

FRAGE 112

Welche Stadt gehört nicht zu den heiligen Stätten des Islam?

1 Jerusalem   O
2 Mekka   O
3 Dubai   O
4 Medina   O

FRAGE 113

Warum werden im Hinduismus Kühe nicht getötet?

1 Es gibt in Indien zu wenig Kühe.
2 Die Kuh spendet den Menschen Milch.
3 Die Hörner der Kühe gelten als Phallus-
   Symbole.
4 Sie gelten als heilige Wesen.

FRAGE 114

Was machen die Muslime während des Ramadan?

1 Sie fasten tagsüber und essen nach
   Sonnenuntergang.   O
2 Sie fasten eine Woche lang.   O
3 Sie essen nur Hammelfleisch.   O
4 Sie essen nur Kefir.   O

FRAGE 115

**Mit welchem Begriff wird der vor allem in Afrika
verbreitete naturreligiöse Glaube an Seelen und
Geister bezeichnet?**

1 Animalismus   O
2 Animismus   O
3 Schwarze Magie   O
4 Archaische Religionen   O

FRAGE 116

**Was sollte ein gläubiger Muslim einmal im Leben
gemacht haben?**

1 Bekehrung eines Ungläubigen   O
2 Zeugung eines Sohnes   O
3 Pilgerreise nach Mekka   O
4 Pflanzen eines Baumes   O

FRAGE 117

Welches Volk hat diese religiöse Kultstätte errichtet?

1   Azteken
2   Olmeken
3   Tolteken
4   Maya

FRAGE 118

Was bezeichnet das Wort Minbar im Islam?

1   Kanzel für die Freitagspredigt in einer Moschee   O
2   Minibar in einem Hotelzimmer   O
3   Gläubiger Muslim   O
4   Eine Bar nur für Männer   O

FRAGE 119

Welches Tier wurde im alten Ägypten nicht verehrt?

1   Widder   O
2   Schakal   O
3   Bär   O
4   Katze   O

FRAGE 120

Was dürfen weder Muslime noch Juden zu sich nehmen?

1   Alkoholische Getränke   O
2   Lammfleisch   O
3   Kartoffeln   O
4   Schweinefleisch   O

DIE FRAGEN
PHILOSOPHIE

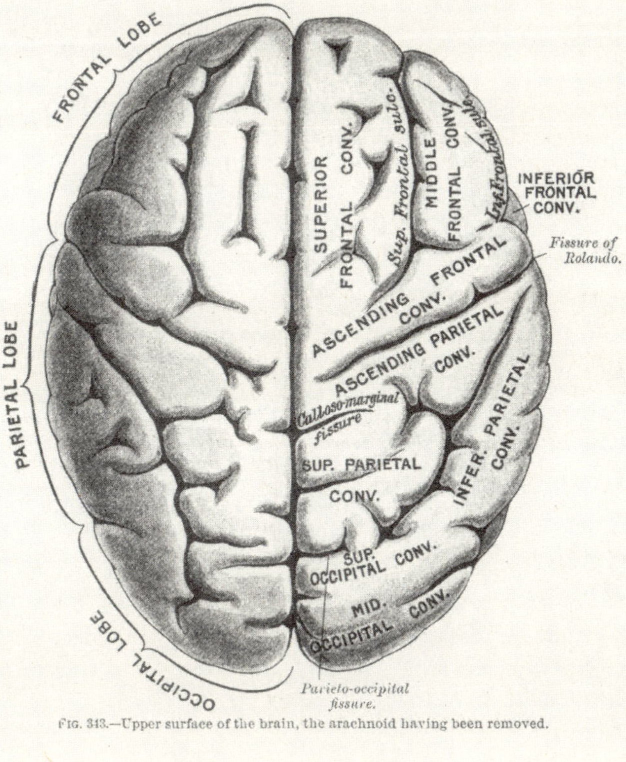

FIG. 313.—Upper surface of the brain, the arachnoid having been removed.

Was heißt »Philosophie« wörtlich?

1   Das sittliche Verständnis   O

2   Die Ehrfurcht   O

3   Lehre von Gott   O

4   Liebe zur Weisheit   O

Wo hielt sich Diogenes angeblich auf?

1   Höhle   O

2   Tonne   O

3   Hölle   O

4   Wanne   O

Der Ursprung der Frankfurter Schule war das Institut für ...

1   Philosophie.   O

2   Sozialforschung.   O

3   Kritisches Denken.   O

4   Weltethos.   O

FRAGE 124

Welcher Philosoph schrieb sinngemäß »Wenn du zum Weibe gehst, vergiss die Peitsche nicht«?

1 Karl Jaspers O

2 Arthur Schopenhauer O

3 Friedrich Nietzsche O

4 Georg Simmel O

FRAGE 125

Was bezeichnet nicht eine bestimmte philosophische Richtung in der Antike?

1 Stoiker O

2 Epikureer O

3 Kyniker O

4 Scholastiker O

FRAGE 126

Was ist nicht nach dem Philosophen Gottfried Wilhelm Leibniz benannt?

1 Käse O

2 Kriterium O

3 Keks O

4 Kolleg O

FRAGE 127

Immanuel Kant forderte: »Handle nur nach derjenigen Maxime, durch die du zugleich wollen kannst, dass ...

1   du glücklich werdest.«

2   sie ein allgemeines Gesetz werde.«

3   sie Gott wohlgefalle.«

4   sie dir Reichtum und Wohltat beschere.«

FRAGE 128

In dem Werk »Dialektik der Aufklärung« von Theodor W. Adorno und Max Horkheimer wird die These erörtert, dass ...

1   die Philosophen der Aufklärung in einem ganz besonderen Dialekt geschrieben haben.   O

2   jeder Dialekt zur Aufklärung beiträgt.   O

3   die Aufklärung die regionalen Dialekte auslöscht.   O

4   das Projekt der Aufklärung die fortschreitende Unterwerfung der Natur mit zunehmender gesellschaftlicher Unterdrückung bezahlt.   O

FRAGE 129

Laut Thomas Hobbes gilt: Der Mensch ist dem Menschen ein ...

1   Glück.   O

2   Wolf.   O

3   Bruder.   O

4   Verderben.   O

FRAGE 130

Wer war kein einflussreicher Philosoph?

1   Platon   O

2   Plotin   O

3   Pythagoras   O

4   Pluton   O

FRAGE 131

Jean-Jacques Rousseau beginnt das erste Kapitel seines Gesellschaftsvertrags mit den Worten: Der Mensch ist frei …

1   zu sterben.
2   und glücklich.
3   geboren.
4   und frank.

FRAGE 132

Der Philosoph und Mathematiker Bertrand Russell hielt das Christentum für eine »Krankheit, ...

1 die zum Tode führt«.   O

2 die unheilbar ist«.   O

3 die von selbst verschwinden wird«.   O

4 die aus Angst entstanden ist«.   O

FRAGE 133

Wer ist das?

1 Immanuel Kant

2 Johann Gottlieb Fichte

3 Friedrich Wilhelm Joseph Schelling

4 Friedrich Nietzsche

FRAGE 134

René Descartes formulierte »Ich denke, also bin ich«
auf Lateinisch: »Cogito ...

1   ergo sumus.«   O
2   cum grano salis.«   O
3   ergo sum.«   O
4   quasimodo.«   O

FRAGE 135

Von wem stammt die Behauptung, dass Religion
»das Opium des Volkes« sei?

1   Friedrich Engels   O
2   Max Weber   O
3   Karl Marx   O
4   Werner Sombart   O

FRAGE 136

Der Niederländer Baruch Spinoza vertrat im 17. Jahrhundert die Vorstellung, dass Gott in allem ist, in der
Natur wie im Menschen. Wie heißt diese Denkrichtung?

1   Pantheismus   O
2   Hellenismus   O
3   Okkultismus   O
4   Synkretismus   O

FRAGE 137

In welcher geistesgeschichtlichen Epoche der Neuzeit wurden die christlichen Dogmen grundsätzlich infrage gestellt?

1   Neue Sachlichkeit   O
2   Aufklärung   O
3   Weimarer Klassik   O
4   Romantik   O

FRAGE 138

Welcher deutsche Philosoph stellt den Begriff der »Kommunikativen Vernunft« ins Zentrum seiner Überlegungen?

1   Arnold Gehlen   O
2   Helmuth Plessner   O
3   Jürgen Habermas   O
4   Carl Friedrich von Weizsäcker   O

FRAGE 139

Georg Wilhelm Friedrich Hegel beschreibt den Weg der Erkenntnis mit den Begriffen These, Antithese und ...

1   Diagnose.   O
2   Anamnese.   O
3   Katharsis.   O
4   Synthese.   O

FRAGE 140

Mit welchem Werk hat der Philosoph Oswald Spengler den konservativen Kulturpessimismus des 20. Jahrhunderts geprägt?

1   »Der Mensch und die Technik«

2   »Preußentum und Sozialismus«

3   »Jahre der Entscheidung«

4   »Der Untergang des Abendlandes«

FRAGE 141

Peter Sloterdijks bekanntes Buch von 1987 heißt:

1   »Kritik der zynischen Vernunft«   ▢

2   »Kritik der reinen Vernunft«   ▢

3   »Kritik der praktischen Vernunft«   ▢

4   »Kritik der dialektischen Vernunft«   ▢

FRAGE 142

Von wem stammt die Aussage »Die Philosophen haben die Welt nur verschieden interpretiert, es kömmt drauf an, sie zu verändern«?

1   Ludwig Feuerbach   O

2   Max Stirner   O

3   Karl Marx   O

4   Heinrich Heine   O

Was versteht man unter platonischer Liebe?

1   Homosexuelle Liebe   O
2   Lesbische Liebe   O
3   Liebe unter Philosophen   O
4   Unkörperliche Liebe   O

FRAGE 144

Sokrates, der Begründer des dialogischen Philosophierens, wurde zum Tod durch den Schierlingsbecher verurteilt, weil er angeblich ...

1   den feindlichen Perserkönig Darius gepriesen hatte.

2   einen verderblichen Einfluss auf die Athener Jugend hatte.

3   den Sagenerzähler Homer geschmäht hatte.

4   sich mit den Spartanern verbündet hatte.

FRAGE 145

Welcher Philosoph wurde im April 1969 in seiner Vorlesung durch den Auftritt von drei barbusigen Studentinnen provoziert?

1   Max Horkheimer   O
2   Jürgen Habermas   O
3   Wolfgang Abendroth   O
4   Theodor W. Adorno   O

FRAGE 146

Von wem stammt der Leitsatz »Ich bin. Aber ich habe mich nicht. Darum werden wir erst.«?

1   Wilhelm Dilthey   O
2   Herbert Marcuse   O
3   Ernst Bloch   O
4   Ludwig Marcuse   O

FRAGE 147

Welchen deutschen Reichskanzler hat der Staatsrechtler und politische Philosoph Carl Schmitt nicht unterstützt?

1   Adolf Hitler   O
2   Franz von Papen   O
3   Kurt von Schleicher   O
4   Gustav Stresemann   O

FRAGE 148

Welche Person steht im Mittelpunkt von Hannah Arendts berühmtem »Bericht von der Banalität des Bösen«?

1 Adolf Eichmann
2 Adolf Hitler
3 Josef Stalin
4 Joseph Goebbels

FRAGE 149

Hans-Georg Gadamer hat die Philosophie der Hermeneutik gelehrt. Was ist das?

1 Das Beschreiben theologischer Theorien O

2 Die Untersuchung von Ursache und Wirkung O

3 Das Verstehen und Interpretieren von Werken O

4 Der Versuch, das Unsichtbare sichtbar zu machen O

FRAGE 150

Wer kann die Frage, ob es einen Gott gibt, nicht beantworten?

1 Der Agnostiker O

2 Der Atheist O

3 Der Spiritist O

4 Der Häretiker O

DIE AUFLÖSUNG

DIE BIBEL

FRAGE 1

Nach dem Bericht, mit dem das erste Buch Mose beginnt, benötigte Gott mehrere Tage, um die Welt zu erschaffen. Womit begann er?

Licht

FRAGE 2

Worum geht der Streit vor König Salomo, bis dieser sein berühmtes Urteil fällt?

Kind

FRAGE 3

Aus wie vielen Stämmen bestand das Volk Israel?

12

FRAGE 4

Wo lehrt Jesus das Vaterunser?

In der Bergpredigt

FRAGE 5

Wie hindert Gott die Turmbauer von Babel?

Sprachverwirrung

FRAGE 6

Was enthielt die Bundeslade?

Steintafeln mit den Zehn Geboten

FRAGE 7

Jesus sprach ...

Aramäisch.

FRAGE 8

Abraham hat einen Sohn namens Isaak. Der wiederum hat mehrere Söhne, darunter:

Jakob

FRAGE 9

»Wer von euch ohne Sünde ist, werfe als Erster einen Stein auf sie«: Wen rettet Jesus mit diesen Worten vor der Steinigung?

Ehebrecherin

FRAGE 10

Eine Strafe Gottes: Lots Frau erstarrt zur Salzsäule.
Warum eigentlich?

Weil sie sich nach Sodom umdreht.

FRAGE 11

Als Jesus zwölf Jahre alt ist, verlieren seine Eltern ihn
in Jerusalem aus den Augen. Wo steckt er?

Im Tempel

FRAGE 12

Wer wurde als Säugling in einem Schilfkästchen auf
einem Fluss treibend gefunden?

Mose

FRAGE 13

Im Buch Kohelet wird gewarnt: Ist einer träge, so senkt
sich das ...

Gebälk.

FRAGE 14

Wann erkennen die Männer in Emmaus, dass es sich bei
ihrem Begleiter um Jesus handelt? Als Jesus ...

das Brot bricht.

FRAGE 15

Wer zählt nicht zu den Propheten des Alten Testaments?

Johannes der Täufer

FRAGE 16

Jesus sagt zu Petrus: Ehe der Hahn kräht, wirst du mich ...

verleugnen.

FRAGE 17

Was hatte der Pharao nicht, hätte er aber gut ge-brauchen können, als er Mose und die Israeliten am Auszug aus Ägypten hindern wollte?

Schwimmweste

FRAGE 18

Was fehlt bei der Hochzeitsfeier in Kana?

Wein

FRAGE 19

Unter den zwölf Aposteln gibt es mehrere mit gleichen Vornamen. Welcher der folgenden Namen kommt doppelt vor?

Jakobus

FRAGE 20

Wie beginnt das Johannesevangelium?

Im Anfang war das Wort.

FRAGE 21

Was bringen die Weisen aus dem Morgenland laut dem Matthäusevangelium nicht mit?

Silber

FRAGE 22

Wer nimmt Jesus vom Kreuz ab und legt den Leichnam ins Grab?

Josef von Arimathäa

FRAGE 23

Wem schreibt Paulus keinen Brief?

Philister

FRAGE 24

Kurz vor seinem Tod zieht Jesus in Jerusalem ein und wird von der Menge bejubelt. Wie bewegt er sich vorwärts?

Auf einem Esel

FRAGE 25

Im ersten Buch Samuel wird berichtet, dass David den Riesen Goliat besiegt. Womit kämpft David?

Steinschleuder

FRAGE 26

Im Alten Testament wird Daniel in eine Grube mit gefährlichen Wesen geworfen. Worum handelt es sich?

Löwengrube

FRAGE 27

Vor der Kreuzigung kommt anstelle von Jesus ein anderer Mann frei. Wie heißt er?

Barabbas

FRAGE 28

Jesus hatte ...

mehrere Brüder, mehrere Schwestern.

FRAGE 29

Wie viele Bücher Mose gibt es?

5

FRAGE 30

Eva wird aus Adams Rippe geformt. Woraus aber wird Adam hergestellt?

Erde

KIRCHENGESCHICHTE

FRAGE 31

Wie lautet der hebräische Geburtsname des Apostels Paulus?

Saul

FRAGE 32

Welcher Papst hat einen entscheidenden Beitrag zum Sturz des Kommunismus in Europa geleistet?

Johannes Paul II.

FRAGE 33

In welcher Stadt in Kleinasien ließ Kaiser Konstantin im Jahre 325 n. Chr. das erste Reichskonzil stattfinden?

Nicäa

FRAGE 34

Von wem stammt der Satz »Nichts ist gut in
Afghanistan«?

Bischöfin Margot Käßmann

FRAGE 35

Welches Ideal strebte der Mönch Franz von Assisi
im 13. Jahrhundert für sich und seine Mitbrüder an?

Ein Leben in Armut und Demut

FRAGE 36

Die frühen Christen versteckten sich in Rom in den ...

Katakomben.

FRAGE 37

Welcher Kirchenvater hat Anfang des fünften Jahrhunderts nach Christus den Begriff der Erbsünde
eingeführt?

Augustinus

FRAGE 38

Mit welcher Versammlung hat Papst Johannes XXIII.
eine Reformbewegung in der katholischen Kirche in
Gang gebracht?

Zweites Vatikanisches Konzil 1962 – 1965

FRAGE 39

Martin Luther soll am 31. Oktober 1517 zahlreiche Thesen an die Tür der Schlosskirche zu Wittenberg geschlagen haben. Wie viele?

95

FRAGE 40

Benedikt von Nursia regelte im Jahre 529 Fragen des klösterlichen Zusammenlebens. Was bedeutet seine Regel »Ora et labora«?

Bete und arbeite

FRAGE 41

Um dem Kirchenbann zu entgehen, musste sich der deutsche König Heinrich IV. dem Papst Gregor VII. unterwerfen. Was unternahm der König im Jahre 1077?

Gang nach Canossa

FRAGE 42

Wie rechtfertigten die spanischen Eroberer die gewaltsame Missionierung der Indianer Mittelamerikas im 16. Jahrhundert?

Mit den angeblichen Menschenopfern der Maya und Azteken

FRAGE 43

Wer ist das?

Mutter Teresa

FRAGE 44

Welche von den Muslimen beherrschte Stadt eroberten die Kreuzfahrer im Jahre 1099?

Jerusalem

FRAGE 45

Wer wurde im 14. Jahrhundert für die Verbreitung der Pest in Europa verantwortlich gemacht?

Juden

FRAGE 46

Welcher Gelehrte zählte nicht zu den Reformatoren des 16. Jahrhunderts?

Ignatius von Loyola

FRAGE 47

Was stand auf dem Koppelschloss deutscher Wehrmachtsoldaten im Zweiten Weltkrieg?

Gott mit uns

FRAGE 48

Unter Androhung von Folter zwang die katholische Kirche den Wissenschaftler Galileo Galilei im Jahre 1633 zur Rücknahme seiner Lehre, ...

dass sich die Erde um die eigene Achse und um die Sonne dreht.

FRAGE 49

In welcher französischen Stadt residierten die Päpste und Gegenpäpste zwischen 1309 und 1377?

Avignon

FRAGE 50

Von welchem Theologen stammt der Lehrsatz über den Sex in der Ehe »In der Woche zwier schadet weder ihm noch ihr«?

Martin Luther

FRAGE 51

Die Inquisition im späten Mittelalter sollte unter anderem Folgendes aufklären:

Hexerei

FRAGE 52

Welche Lebensregel katholischer Priester wird von katholischen Laienverbänden und manchen deutschen Bischöfen heute infrage gestellt?

Der Pflichtzölibat

FRAGE 53

Nach der Reformation einigten sich die Fürsten des Heiligen Römischen Reichs Deutscher Nation auf den Grundsatz »Cuius regio, eius religio«. Was war damit gemeint?

In jedem Fürstentum ist allein der Glaube des jeweils herrschenden Fürsten zugelassen.

FRAGE 54

Seit dem 10./11. Jahrhundert entwickelte sich das Ablasswesen. Was genau war ein Ablass?

Eine Geldspende an die Kirche zur Tilgung oder Verkürzung der Sündenstrafen

FRAGE 55

Anhänger welcher protestantischen Glaubensgemeinschaft wurden 1572 bei der Bartholomäusnacht in Paris ermordet?

Hugenotten

FRAGE 56

Mit welchem Abkommen wurde 1648 der Dreißigjährige Krieg, der auch ein Konfessionskonflikt war, beendet?

Westfälischer Frieden

FRAGE 57

Welcher Kirchenkritiker wurde 1415 beim Konzil in Konstanz verurteilt und dann bei lebendigem Leib auf dem Scheiterhaufen verbrannt?

Jan Hus

FRAGE 58

Wer ist das?

Martin Luther

FRAGE 59

Wer profitierte im Jahre 1803 von der Säkularisation, also der Aufhebung der Kirchengüter und geistlichen Herrschaft in Deutschland?

Die weltlichen Fürsten

FRAGE 60

Welcher Teil Europas wurde zu Beginn des 8. Jahrhunderts von den Muslimen erobert?

Spanien

KIRCHLICHES LEBEN

FRAGE 61

Was heißt »Evangelium«?

Frohe Botschaft

FRAGE 62

Pfingsten ist ein ...

christlicher Feiertag.

FRAGE 63

Ein katholischer und ein evangelischer Priester feiern öffentlich gemeinsam das Abendmahl. Wer muss danach mit Problemen rechnen?

Der Katholik

FRAGE 64

Ein bekanntes Kirchenlied beginnt so: Großer Gott, wir loben Dich, Herr, wir preisen Deine ...

Stärke.

FRAGE 65

Welcher der folgenden Tage ist in jedem deutschen Bundesland ein Feiertag?

Christi Himmelfahrt

FRAGE 66

Viele christliche Kirchen messen bestimmten Farben eine besondere liturgische Bedeutung zu. Welche Farbe wird an Weihnachten oder Ostern getragen?

Weiß

FRAGE 67

Was wird in einer Monstranz gezeigt?

Hostie

FRAGE 68

Im evangelischen Gottesdienst trägt der Pastor am Halsausschnitt ein rechteckiges weißes Leinenstück. Wie heißt es?

Beffchen

FRAGE 69

Wer erteilt an Ostern und Weihnachten den feierlichen Segen Urbi et orbi?

Papst

FRAGE 70

Wann beginnt in der katholischen und evangelischen Kirche das Kirchenjahr?

1. Advent

FRAGE 71

Wie lange dauert die Fastenzeit vor Ostern?

40 Tage

FRAGE 72

Welche dieser Ordensgemeinschaften ist protestantisch?

Johanniter

FRAGE 73

Was findet man nur in einer katholischen, aber nicht in einer evangelischen Kirche?

Beichtstuhl

FRAGE 74

Der Zweite Weihnachtstag (26. Dezember) ist der
Gedenktag des ...

Stephanus.

FRAGE 75

In der Evangelischen Kirche in Deutschland (EKD) sind
die lutherischen, reformierten und unierten Landeskirchen zusammengeschlossen. Wie viele?

22

FRAGE 76

An welchem Tag findet in der katholischen Kirche die
Fußwaschung statt?

Gründonnerstag

FRAGE 77

Wohin kommen in einer katholischen Kirche nach der
Kommunion die Hostien, die übrig bleiben?

Tabernakel

FRAGE 78

Wen gibt es sowohl in der katholischen wie in der
evangelischen Kirche?

Vikar

FRAGE 79

Wer sitzt laut dem Apostolischen Glaubensbekenntnis rechts von Gott?

Jesus Christus

FRAGE 80

Wie beginnt das Kyrie?

Herr, erbarme Dich

FRAGE 81

Das Fest Epiphanie beziehungsweise Epiphanias wird gefeiert im ...

Winter.

FRAGE 82

Katholiken und Protestanten in Deutschland zusammengerechnet: Wie viele von ihnen gehen regelmäßig sonntags in die Kirche?

5 bis 10 Prozent

FRAGE 83

Wodurch wird man Mitglied einer Kirchengemeinde?

Taufe

FRAGE 84

Das Apostolische Glaubensbekenntnis beginnt so:
Ich glaube an Gott, den Vater, den Allmächtigen, …

den Schöpfer des Himmels und der Erde.

FRAGE 85

Mit welchem Zeichen wird im Vatikan verkündet, dass
ein neuer Papst gewählt worden ist?

Weißer Rauch

FRAGE 86

Was bedeutet Pastor wörtlich übersetzt?

Hirte

FRAGE 87

An welchem dieser Wallfahrtsorte wird nicht in erster
Linie die Gottesmutter Maria verehrt?

Santiago de Compostela (Spanien)

FRAGE 88

Wie heißt das gesetzgebende Gremium der Evangelischen Kirche in Deutschland?

Synode

FRAGE 89

Ein bekanntes Kirchenlied beginnt so: Lobe den Herren, ...

den mächtigen König der Ehren.

FRAGE 90

Ohne wen kann nach katholischem Verständnis keine
Heilige Messe gefeiert werden?

Priester

RELIGIONEN DER WELT

FRAGE 91

Aus welchem Teil der Bibel finden sich Geschichten
sowohl im Koran als auch in der Tora?

Altes Testament

FRAGE 92

Welcher Glaube wird nicht den monotheistischen
Weltreligionen zugerechnet?

Buddhismus

FRAGE 93

Welches indianische Wort wurde von den christlichen Missionaren in Nordamerika für Gott verwendet?

Manitu

FRAGE 94

Worauf berufen sich die Rastafaris bei ihrem Kampf gegen die Unterdrückung der Schwarzen?

Bibel

FRAGE 95

Welche Religion missioniert grundsätzlich keine Andersgläubigen?

Judentum

FRAGE 96

Wo leben die meisten Muslime?

Indonesien

FRAGE 97

Welche Religion wird von den meisten Japanern praktiziert?

Shintoismus

FRAGE 98

In welche Richtung müssen Muslime beim Gebet niederknien?

Nach Mekka

FRAGE 99

Der jüdische Begriff Bar Mizwa entspricht der christlichen ...

Konfirmation.

FRAGE 100

Wer ist das?

Dalai Lama

FRAGE 101

In welchem Land der Welt leben die meisten Juden?

USA

FRAGE 102

Welches muslimische Heiligtum befindet sich auf dem Tempelberg in Jerusalem?

Felsendom

FRAGE 103

Was ist keine muslimische Glaubensrichtung?

Hussiten

FRAGE 104

Warum erkennen viele strenggläubige Juden den Staat Israel nicht an?

Weil erst nach der Ankunft des Messias ein solcher Staat gegründet werden kann.

FRAGE 105

Aus welchem alt-hinduistischen Lehrbuch stammt diese Darstellung?

Kamasutra

FRAGE 106

Darstellungen des Shiva, eines der wichtigsten Götter des Hinduismus, zeigen ihn meist mit ...

drei Augen und vier Armen.

FRAGE 107

Was ist orthodoxen Juden am Schabbat erlaubt?

Kurze Spaziergänge

FRAGE 108

Wem dürfen tiefgläubige jüdische und muslimische
Männer nicht die Hand geben?

Fremden Frauen

FRAGE 109

Wer ist das?

Ajatollah Chomeini

FRAGE 110

Witwenverbrennungen waren Teil der Tradition
des ...

Hinduismus.

FRAGE 111

Wie viele männliche religionsmündige Gläubige müssen
mindestens anwesend sein, um einen jüdischen Gottesdienst abzuhalten?

10

FRAGE 112

Welche Stadt gehört nicht zu den heiligen Stätten des
Islam?

> Dubai

FRAGE 113

Warum werden im Hinduismus Kühe nicht getötet?

> **Sie gelten als heilige Wesen.**

FRAGE 114

Was machen die Muslime während des Ramadan?

> **Sie fasten tagsüber und essen nach Sonnen-
untergang.**

FRAGE 115

Mit welchem Begriff wird der vor allem in Afrika
verbreitete naturreligiöse Glaube an Seelen und
Geister bezeichnet?

> **Animismus**

FRAGE 116

Was sollte ein gläubiger Muslim einmal im Leben
gemacht haben?

> **Pilgerreise nach Mekka**

FRAGE 117

Welches Volk hat diese religiöse Kultstätte errichtet?

Maya

FRAGE 118

Was bezeichnet das Wort Minbar im Islam?

Kanzel für die Freitagspredigt in einer Moschee

FRAGE 119

Welches Tier wurde im alten Ägypten nicht verehrt?

Bär

FRAGE 120

Was dürfen weder Muslime noch Juden zu sich nehmen?

Schweinefleisch

PHILOSOPHIE

FRAGE 121

Was heißt »Philosophie« wörtlich?

Liebe zur Weisheit

FRAGE 122

Wo hielt sich Diogenes angeblich auf?

Tonne

FRAGE 123

Der Ursprung der Frankfurter Schule war das Institut für ...

Sozialforschung.

FRAGE 124

Welcher Philosoph schrieb sinngemäß »Wenn du zum Weibe gehst, vergiss die Peitsche nicht«?

Friedrich Nietzsche

FRAGE 125

Was bezeichnet nicht eine bestimmte philosophische Richtung in der Antike?

Scholastiker

FRAGE 126

Was ist nicht nach dem Philosophen Gottfried Wilhelm Leibniz benannt?

Käse

FRAGE 127

Immanuel Kant forderte: »Handle nur nach derjenigen Maxime, durch die du zugleich wollen kannst, dass ...

sie ein allgemeines Gesetz werde.«

FRAGE 128

In dem Werk »Dialektik der Aufklärung« von Theodor W. Adorno und Max Horkheimer wird die These erörtert, dass ...

das Projekt der Aufklärung die fortschreitende Unterwerfung der Natur mit zunehmender gesellschaftlicher Unterdrückung bezahlt.

FRAGE 129

Laut Thomas Hobbes gilt: Der Mensch ist dem Menschen ein ...

Wolf.

FRAGE 130

Wer war kein einflussreicher Philosoph?

Pluton

FRAGE 131

Jean-Jacques Rousseau beginnt das erste Kapitel seines Gesellschaftsvertrags mit den Worten: Der Mensch ist frei ...

geboren.

FRAGE 132

Der Philosoph und Mathematiker Bertrand Russell hielt das Christentum für eine »Krankheit, ...

die aus Angst entstanden ist«.

FRAGE 133

Wer ist das?

Friedrich Nietzsche

FRAGE 134

René Descartes formulierte »Ich denke, also bin ich« auf Lateinisch: »Cogito ...

ergo sum.«

FRAGE 135

Von wem stammt die Behauptung, dass Religion »das Opium des Volkes« sei?

Karl Marx

FRAGE 136

Der Niederländer Baruch Spinoza vertrat im 17. Jahrhundert die Vorstellung, dass Gott in allem ist, in der Natur wie im Menschen. Wie heißt diese Denkrichtung?

Pantheismus

FRAGE 137

In welcher geistesgeschichtlichen Epoche der Neuzeit wurden die christlichen Dogmen grundsätzlich infrage gestellt?

Aufklärung

FRAGE 138

Welcher deutsche Philosoph stellt den Begriff der »Kommunikativen Vernunft« ins Zentrum seiner Überlegungen?

Jürgen Habermas

FRAGE 139

Georg Wilhelm Friedrich Hegel beschreibt den Weg der Erkenntnis mit den Begriffen These, Antithese und ...

Synthese.

FRAGE 140

Mit welchem Werk hat der Philosoph Oswald Spengler den konservativen Kulturpessimismus des 20. Jahrhunderts geprägt?

»Der Untergang des Abendlandes«

FRAGE 141

Peter Sloterdijks bekanntes Buch von 1987 heißt:

»Kritik der zynischen Vernunft«

FRAGE 142

Von wem stammt die Aussage »Die Philosophen haben die Welt nur verschieden interpretiert, es kömmt drauf an, sie zu verändern«?

Karl Marx

FRAGE 143

Was versteht man unter platonischer Liebe?

Unkörperliche Liebe

FRAGE 144

Sokrates, der Begründer des dialogischen Philosophierens, wurde zum Tod durch den Schierlingsbecher verurteilt, weil er angeblich ...

einen verderblichen Einfluss auf die Athener Jugend hatte.

FRAGE 145

Welcher Philosoph wurde im April 1969 in seiner Vorlesung durch den Auftritt von drei barbusigen Studentinnen provoziert?

Theodor W. Adorno

FRAGE 146

Von wem stammt der Leitsatz »Ich bin. Aber ich habe
mich nicht. Darum werden wir erst.«?

Ernst Bloch

FRAGE 147

Welchen deutschen Reichskanzler hat der Staatsrechtler
und politische Philosoph Carl Schmitt nicht unterstützt?

Gustav Stresemann

FRAGE 148

Welche Person steht im Mittelpunkt von Hannah Arendts
berühmtem »Bericht von der Banalität des Bösen«?

Adolf Eichmann

FRAGE 149

Hans-Georg Gadamer hat die Philosophie der Hermeneutik gelehrt. Was ist das?

Das Verstehen und Interpretieren von Werken

FRAGE 150

Wer kann die Frage, ob es einen Gott gibt, nicht beantworten?

Der Agnostiker

WAS WIR WISSEN –
UND WAS NICHT

»DIE BIBEL GIBT MIR HALT«

Margot Käßmann über das religiöse Wissen in unserer Gesellschaft und die Bibelverse in ihrem Badezimmer

Frau Käßmann, eine kleine Testfrage zu den Zehn Geboten: Wie lautet das erste Gebot?

Ich bin der Herr, dein Gott. Du sollst keine anderen Götter haben neben mir.

Und das zehnte?

Das ist ja wie bei Günther Jauch. Aber gut: Du sollst nicht begehren deines Nächsten Weib, Knecht, Magd, Vieh noch alles, was sein ist.

Ist es wichtig, so etwas auswendig zu wissen?

Ja. Ich bin überzeugt, die Zehn Gebote geben auch heute eine Grundorientierung für ein friedliches Zusammenleben von Menschen. Zu fragen, wo dein Gott ist, das ist die Frage, woran dein Herz hängt, sagt Martin Luther. Für das persönliche Leben wie für eine Gesellschaft ist das auch heute relevant. Und die Absage an das Begehren, an die Neidkultur, ist eine gewichtige Mahnung. Mit seinem Kleinen Katechismus wollte Luther den Menschen eine Art Glaubenslehre für den Hausgebrauch mitgeben: Zehn Gebote, Apostolisches Glaubensbekenntnis, Vaterunser, Taufe und Abendmahl. Das sollte zumindest jeder kennen und wissen. Es war ein Bildungsvorgang! Der Mensch sollte so mündig werden, selbst zu urteilen, selbst Verantwortung zu übernehmen.

Haben Sie den Eindruck, dass viele Menschen noch den Inhalt der Bibel kennen?

Bedauerlicherweise schwindet biblisches Wissen. Das ist gerade im Land der Reformation bedrückend. Die Übersetzung der Bibel in die deutsche Sprache war eine religiöse, aber auch eine sprachliche und kulturelle Leistung. Die Menschen sollten mündig werden, selbst nachlesen können. Luther lag an gebildetem Glauben, der sich nicht allein aus Konvention oder spirituellem Erleben speist. In seinem Brief »An den christlichen Adel deutscher Nation« hat er die Fürsten aufgefordert, Schulen für Jungen und – damals revolutionär – für Mädchen aus allen sozialen Schichten zu gründen. Ihm verdanken wir sozusagen die Volksschule und damit einen riesigen Schritt zur Bildungsgerechtigkeit.

Manche Redewendungen, die auf der Bibel basieren, gehören zum allgemeinen Sprachschatz; zur Salzsäule erstarren, zum Beispiel. Aber kaum jemand bringt sie noch mit der Bibel in Verbindung. Ist das schlimm?

Weniger schlimm als traurig. Es zeigt, dass die Bibel Kulturgut ist. Mir wäre natürlich lieber, die Menschen würden um die Wurzeln wissen. Das gibt Halt und Haltung.

Sie haben einmal betont, wie wichtig das Wieder- und Wiedererzählen der biblischen Geschichten über Generationen ist. Warum?

Erzähltraditionen schaffen über Generationen hinweg das Gewebe, das eine Gesellschaft zusammenhält. Es ist doch wichtig, dass wir Traditionen teilen, uns auf gemeinsame Grundlagen berufen können, ja auch über sie streiten können – selbst dafür müssen wir sie aber kennen. Das kann übrigens über kulturelle und nationale Grenzen hinweg möglich sein. Bei internationalen ökumenischen Konferenzen fasziniert mich immer wieder, auf welche Weise ein Stichwort wie »Turmbau zu Babel« oder »Gethsemane« für alle etwas bedeutet. Es gibt übrigens auch eine pädagogische Komponente. Das Erzählen von Geschichten, die zeigen, dass Leben gelingen kann auch über Scheitern hinweg – nehmen wir nur die Josefsgeschichte! – gibt Kindern Kraft und Mut.

Wie oft lesen Sie selber in der Bibel?
Mir gefällt die evangelische Tradition, morgens Losung und Lehrtext mit in den Tag zu nehmen. Der Umstand ist bei mir sehr profan: Sie stehen bei mir im Bad. Aber oft geht mir der Vers durch den Sinn über den Tag hin. Intensiv lese ich besonders bei der Vorbereitung von Predigten. Und da fasziniert mich, wie dieser Text immer wieder neu spricht in einem neuen Kontext. Nach einigen Jahren kommt ja derselbe Text wieder dran, aber nie könnte ich die Predigt von damals nehmen. Das zeigt das dynamische Geschehen, das biblische Texte auslösen. Sie sprechen je neu, weil die Menschen, die Zeit, der Kontext sich verändert, sie sind Glaubenszeugnis, das anregt, heute meinen Glauben zu reflektieren.

Lesen Sie die Bibel dann als Theologin, als Wissenschaftlerin – oder als Mensch auf Suche nach Antworten für den Alltag?
Zuallererst als Christin. Es ist das Buch, in dem wir dem Glauben unserer Mütter und Väter im Glauben begegnen. In dem wir über das, was Jesus uns hinterlassen hat, wahrnehmen können, wie Gott ist. Das gibt mir als glaubendem Menschen Halt, ist als Theologin für mich Grundlage der Verkündigung und als Wissenschaftlerin ungeheuer spannend.

Können Sie uns ein Beispiel geben, in dem Ihnen die Bibel direkt geholfen hat, als Gebrauchsanweisung fürs Leben?

Nehmen wir einmal etwas aus den Schlussversen der Josefsgeschichte, aus dem ersten Buch Mose: »Ihr gedachtet es böse mit mir zu machen, aber Gott gedachte es gut zu machen« ... Sagen zu können: Mein Leben hatte Höhen und Tiefen, aber sie sind beide bei Gott aufgehoben, das gibt mir Halt. Oder die überlieferten Worte Jesu am Kreuz, als er Psalm 22 zitiert: »Mein Gott, mein Gott, warum hast du mich verlassen?« Dass er selbst ringt, zweifelt, leidet, ist für mich beeindruckend. Gott kennt selbst Leid und Gottverlassenheit. So kann ich mich selbst in Leid und Gottverlassenheit anvertrauen. Ein kühner Gedanke, der aber Trost und Kraft gibt, so habe ich es jedenfalls wahrgenommen. Ich muss nicht fragen: Warum ich? Warum schickt Gott Leid? Sondern ich darf darauf vertrauen, dass ich im Leiden und Sterben von Gott gehalten bin, selbst wenn ich hadere.

Nicht nur der Inhalt der Bibel ist vielen heute unbekannt, auch die christlichen Feste sind ihnen fremd. Machen wir uns etwas vor, wenn wir sie trotzdem in den Gesetzen als Feiertage festschreiben: Ostermontag, Fronleichnam, Reformationstag?

Nun ja, Feiertage schaden nicht. Eine Gesellschaft braucht doch einen Rhythmus von Schaffen und Ruhen, sonst erliegt sie irgendwann einem kollektiven Burn-Out. Stille Zeiten wie Bußtag und Ewigkeitssonntag oder Totensonntag im November werden ja gar nicht ausgehalten, da muss die Weihnachtsdeko schon im Oktober her. Das gilt auch für die Passionszeit. Lange vor Ostern wimmelt es schon von Küken und Eiern und der Inhalt geht darüber völlig verloren. Es ist schon etwas peinlich, wenn in unserem

Land Menschen gar nicht wissen, warum Feiertag ist. Da haben nicht nur die Kirchen eine Bringschuld, das bekannter zu machen, sondern auch alle, die in diesem Land leben. Ich würde mich jedenfalls in einem anderen Land, einer anderen Kultur dafür interessieren, was gefeiert wird.

Was bringt's, wenn viele Menschen nicht wissen oder sich nicht darum scheren, warum sie an diesem Tag einen Ausflug machen können?
Hallo, das ist ja pure Resignation! Dieses »Was bringt's« finde ich so utilitaristisch. Alles muss »mir was bringen«, selbst der Gottesdienst. Vielleicht tut es einfach gut, der Seele Raum zu geben, mich in das Lob Gottes einzubringen. Zweckfrei.

Wird genug getan, um den Menschen dieses Wissen zu vermitteln?
An Angeboten, Unterricht in Kita und Schule und für Konfirmanden, an Glaubenskursen, Akademietagungen, Gottesdiensten mangelt es nicht. Der französische Schriftsteller Antoine de Saint-Exupéry hat einmal gesagt, wenn jemand sich wünscht, dass Menschen ein Schiff bauen, solle er ihnen nicht Baupläne und Werkzeug geben, sondern die Sehnsucht nach dem Meer in ihnen verankern. Das lässt mich fragen: Wo ist die Sehnsucht nach dem Gottesdienst, nach der heilsamen Unterbrechung des Alltags?

Müssten die Kirchen mehr tun – sind sie präsent genug bei denen, die nicht von sich aus kommen?
Sie sind sehr präsent. Konfessionelle Kindertagesstätten und Schulen haben hohe Nachfrage, das sind für mich auch zentrale Orte der Glaubensvermittlung. Das gilt auch für Diakonie und Caritas, auch da geschieht ja Begegnung

mit Kirche. Und die Gottesdienste sind offen für alle, da muss niemand eine Eintrittskarte vorweisen. Jetzt jeden Gottesdienst »flotter« zu machen, halte ich nicht für die Lösung. Da gilt es, sich dem Druck nach ständig Neuem auch zu widersetzen und zu sagen: Tradition hat ihren Wert, es muss eine Balance geben zwischen Tradition und Innovation.

An Weihnachten sind die Kirchen rappelvoll, auch als Hochzeitskulisse sind sie beliebt. Warum gelingt es nicht, die Leute zu fesseln, warum kommen sie nicht wieder?
Ich freue mich, dass die Menschen in unserem Land wissen: Weihnachten ist ein kirchliches Fest. Und ich hoffe, es erreicht sie die Botschaft, dass es ihrer Seele guttut, innezuhalten, zu singen und zu beten und sie sich sagen: Das sollte ich öfter tun. Neulich habe ich einen Flyer gefunden in einer Kirche, darauf stand: »Als Sie geboren wurden, brachte Ihre Mutter Sie her. Als Sie geheiratet haben Ihre Frau. Wenn Sie sterben, werden Ihre Freunde Sie herbringen. Warum kommen Sie nicht ab und zu einmal selbst vorbei?«

Die evangelische Kirche hat kürzlich ausdrücklich für den Ausstieg aus der Atomenergie plädiert. Kann es sein, dass diese Einmischung in politische Fragen viele Noch-Mitglieder der Kirchen verärgert?
Die Position der evangelischen Kirche in dieser Frage ist seit Langem bekannt, ich denke nicht, dass jemand diese Äußerung überrascht hat.

Glauben Sie, dass sich die Kirche aus religiösen Gründen politisch engagieren muss?
Ich finde es immer merkwürdig, wenn Menschen meinen, das Evangelium irgendwo hinter Mauern abschotten zu

können. Wenn in der Bibel steht, wir sollen die Fremden unter uns nicht bedrücken und bedrängen, dann kann ich nicht sagen, das hat nichts mit Flüchtlingen bei uns zu tun. Wenn dort steht: »Brich mit dem Hungrigen dein Brot und die im Elend ohne Obdach sind, führe ins Haus!«, kann ich nicht ignorieren, dass es heute hungernde Menschen und Obdachlose gibt. Wenn Jesus sagt: »Selig, die Frieden stiften«, hat das etwas mit unserer Welt zu tun. Die Bibel hat einen Realitätsbezug und stellt so Menschen heute in Verantwortung für diese Welt, von der wir glauben, dass sie Gottes Welt ist.

Wäre es nicht auch an der Zeit, dass wir alle mehr über andere Glaubensrichtungen lernen, den Islam, das Judentum?
Das ist sicher gut. Aber erst einmal wäre es wichtig, den eigenen Glauben zu kennen. Untersuchungen zeigen, dass Menschen, die im eigenen Glauben beheimatet sind, wesentlich offener sind für den Dialog mit anderen Religionen.

Dann müsste man doch eigentlich den Religionsunterricht, also den bekenntnisgebundenen, tatsächlich ersetzen durch ein allgemeines Fach, das alle Religionen behandelt. Warum sperrt sich die Kirche?
Weil sie meint, es ist gut, dass Schülerinnen und Schüler im Lehrer oder der Lehrerin ein Gegenüber finden, das selbst in dem Glauben beheimatet ist, der unterrichtet wird.

Wann waren Sie zuletzt in einer Moschee?
Das ist etwa zwei Jahre her.

Und, Hand aufs Herz, wissen Sie wirklich viel über Katholiken? Manchmal hat man den Eindruck, dass die Christen in Deutschland aneinander vorbeileben.

Es gibt viel lebendige Ökumene vor Ort. Aber es ist immer wieder spannend, miteinander ins Gespräch zu kommen über die Unterschiede. Ökumene hat für mich nicht Gleichmacherei als Ziel, sondern versöhnte Verschiedenheit. Dafür ist es in der Tat wichtig, voneinander zu wissen. Dieses Semester habe ich in Bochum ein Seminar zum Thema Ökumene abgehalten, zu dem evangelische und katholische Studierende kamen. Und es wurde gegenseitig gestaunt, wie zentral für die Evangelischen die Auseinandersetzung mit der Bibel ist, welchen Stellenwert die Marienverehrung im römischen Katholizismus hat. Das war für alle spannend und anregend. In der Begegnung mit dem anderen klärt sich ja immer auch das Eigene. Ich war 25 Jahre in Leitungsgremien internationaler ökumenischer Organisationen beteiligt und bin immer lutherischer geworden, weil mir so klar wurde im Gegenüber, dass hier meine Glaubenstradition liegt. Das eigene Profil klären heißt nicht, die Ökumene zurückzusetzen, sondern es stärkt sie.

Frau Käßmann, lassen Sie uns noch eine große Frage stellen: Geht Glauben ohne Wissen?

Noch einmal: Luther lag am gebildeten Glauben. Glaube und Vernunft schließen sich nicht aus. Aber am Ende ist Glauben Gottvertrauen, auch wenn ich die Existenz Gottes wissenschaftlich nicht nachweisen kann. Frank Hofmann hat gerade ein Buch veröffentlicht unter dem Titel »Marathon zu Gott«, in dem er schreibt, dass ihm auf dem Weg zum Glauben wichtig war, dass er seinen Verstand nicht ausschalten musste. Wie er das beschreibt, finde ich beeindruckend und hilfreich.

Gerade die Protestanten haben doch einen recht intellektuellen Zugang zum Glauben, nüchtern und wortbezogen. In einer katholischen Kirche wabert der Weihrauch; in einer evangelischen hat der Theologe Karl Barth – Sie haben selbst mal daran erinnert – angeblich eine Zigarre geraucht, um zu zeigen, dass es keine heiligen Räume gebe. Täte etwas mehr liturgischer Zauber gut?

Ich würde es niemals Zauber nennen. Es geht um Spiritualität, die Erfahrbarkeit des Glaubens. Und da war der Protestantismus in der Tat oft eher karg. Allerdings hatte er immer die Musik als spirituelle Komponente von den Liedern Luthers oder Paul Gerhardts über die Kantaten Johann Sebastian Bachs bis hin zu Posaunenchören oder Gospel heute. Da können Menschen etwas spüren von ihrer Religion.

Heute entdecken Menschen das durch Räume der Stille, Meditation, Pilgern. Das ist eine gute Entwicklung. Allerdings wird die Predigt im evangelischen Gottesdienst sicher weiter im Mittelpunkt stehen.

Also: mehr Herz, weniger Hirn?

Da halte ich es mit einem alten Gesangbuchlied: »Mit Herzen, Mund und Händen ...«

Frau Käßmann, wir danken Ihnen für dieses Gespräch.

»EINE PERIODE DER RESTAURATION«

Hans Küng über die Vertuschung der Kirchenkrise und die Notwendigkeit eines neuen Kirchenkonzils

Herr Professor Küng, haben Sie noch Kontakt zu Ihrem alten Fakultätskollegen Joseph Ratzinger?

Nach seiner Wahl zum Papst hat er mich zu einem vierstündigen, freundschaftlichen Gespräch in seine Sommerresidenz Castel Gandolfo eingeladen. Damals hoffte ich, das sei der Anfang einer neuen Ära der Offenheit. Doch diese Hoffnung hat sich nicht erfüllt. Wir korrespondieren lediglich miteinander. Die Sanktionen gegen mich – Entzug der kirchlichen Lehrerlaubnis – gibt es immer noch.

Wann hat Benedikt XVI. Ihnen das letzte Mal geschrieben?

Er hat sich für die Zusendung meines Buches »Ist die Kirche noch zu retten?« durch seinen Privatsekretär Gänswein bedankt und mich herzlich grüßen lassen.

Sie haben dieses Buch als kritische Streitschrift veröffentlicht, in der Sie den Papst harsch wegen seiner reformfeindlichen Kirchenpolitik kritisieren.

Ich finde es sehr erfreulich, dass er die persönliche Beziehung trotzdem nicht einfach abgebrochen hat.

Sie stehen mit Ihrer Kritik ja nicht allein. Die Kirche ist nach Ansicht vieler Katholiken in einem ziemlich desolaten Zustand. Die Vertuschung des Kindesmissbrauchs durch Kleriker hat Gläubige in Scharen aus der Kirche getrieben. Was läuft falsch?

Wenn Sie so einfach fragen, dann antworte ich auch einfach. Ratzingers Vorgänger Johannes Paul II. hat gegen die Intentionen des Zweiten Vatikanischen Konzils ein Pro-

gramm der kirchlichen wie politischen Restauration aufge-
legt. Er wollte eine Wiederverchristlichung Europas. Und
sein treuester Adlatus war schon sehr früh Joseph Ratzinger. Man kann von einer Periode der Restauration des
vorkonziliaren römischen Herrschaftssystems sprechen.

**Wieso kommt es jetzt plötzlich in der Kirche zu diesen
Verwerfungen – 50 Jahre nach dem Konzil?**
Es brodelt in der Kirche schon seit Langem. Am deutlichs-
ten zeigt sich das an der jahrzehntelangen Vertuschung
sexueller Übergriffe von Klerikern gegen Kinder. Irgendwann ließ sich der weltweite Kindesmissbrauch nicht mehr
leugnen. Doch die Leugnung des sexuellen Missbrauchs
ist nicht die einzige Vertuschungsaktion der katholischen
Hierarchie. Genauso schlimm ist die Vertuschung des
kirchlichen Notstands.

Was verstehen Sie darunter?
Dass das kirchliche Leben in vielen Ländern auf Gemeindeebene weithin zusammengebrochen ist. In Deutschland
gab es 2010 zum ersten Mal mehr Austritte aus der katholischen Kirche (über 181 000) als Taufen (rund 170 000).
Wir haben seit dem Konzil in den 60er-Jahren Zehntau-
sende von Priestern verloren, Hunderte von Pfarrhäusern
sind ohne Pfarrer, Männer- wie Frauenorden sterben aus,
sie finden keinen Nachwuchs mehr. Der Gottesdienstbe-
such sinkt ständig. Doch die kirchliche Hierarchie hat bisher den Mut nicht aufgebracht, ehrlich und ungeschönt
zuzugeben, wie die Lage wirklich ist. Ich frage mich, wie soll
das weitergehen?

**Was Sie sagen, klingt sehr pessimistisch. Ist die katholi-
sche Kirche noch zu retten?**
Die katholische Kirche als Glaubensgemeinschaft wird

meines Erachtens erhalten bleiben, aber nur wenn sie das römische Herrschaftssystem aufgibt. Tausend Jahre sind wir ohne dieses absolutistische System ausgekommen. Die ganze Misere nahm ihren Anfang im elften Jahrhundert. Damals haben die Päpste ihren absoluten Herrschaftsanspruch über die Kirche durchgesetzt, mit einem Klerikalismus, der den Laien überhaupt keine Macht mehr zugestehen wollte. Auch das Zölibatsgesetz stammt aus dieser Epoche.

In einem »Zeit«-Interview haben Sie Papst Benedikt vorgeworfen, selbst Ludwig XIV. sei als König nicht so selbstherrlich gewesen wie das absolutistisch regierende Oberhaupt der katholischen Kirche. Könnte Benedikt, selbst wenn er es wollte, das absolutistische römische System wirklich verändern?
Es ist richtig, dass dieser Absolutismus ein Wesenselement des römischen Systems ist. Aber er war nie ein Wesenselement der katholischen Kirche. Das Zweite Vatikanische Konzil hat alles getan, um davon wegzukommen, aber leider nicht konsequent genug. Man hat nicht gewagt, den Papst direkt zu kritisieren, man hat aber die Kollegialität des Papstes mit den Bischöfen betont, um ihn in die Gemeinschaft wieder einzubinden.

Mit Erfolg?
Das kann man nicht behaupten. Die Schamlosigkeit, mit der die Kollegialität von der vatikanischen Politik seither einfach totgeschwiegen und vernachlässigt wird, ist beispiellos. Es herrscht heute wieder ein Personenkult sondergleichen, der im Widerspruch steht zu all dem, was im Neuen Testament zu lesen ist. Insofern darf man das auch in aller Deutlichkeit sagen. Benedikt hat sich sogar wieder eine Tiara, eine Papstkrone, schenken lassen, das mittel-

alterliche Symbol der absoluten päpstlichen Macht, das sein Vorgänger Papst Paul VI. feierlich abgelegt hatte. Das finde ich ungeheuerlich. Wenn er wollte, könnte er das alles über Nacht ändern.

Aber er will nicht?
Er will nicht. Das glaube ich unbedingt, denn er hat ja die Vollmacht. Er müsste sie nur im Geist des Evangeliums gebrauchen.

Sie wollen nicht nur die Macht des Papstes zurückstutzen, Sie fordern ein Ende des Zölibats, Sie wollen Frauen auch als Priesterinnen, Sie wollen das Pillenverbot aufheben. Papsttreue Katholiken sagen, das seien alles Elemente, die zum Markenkern der katholischen Kirche gehörten. Wenn Sie das alles wegrasieren, was bleibt dann noch übrig von der Kirche?
Was übrig bleibt, ist eine katholische Kirche, wie es sie auch schon mal gab – und sie war besser. Ich sage nicht, man soll das Papsttum abschaffen. Aber wir brauchen Ämter, die im Dienst der Gemeinden stehen, wir brauchen ein Papsttum, wie es von Johannes XXIII. praktiziert wurde. Der wollte nicht dominieren, sondern hat einfach gezeigt, er ist für alle, auch die anderen Kirchen, da, er hat das Konzil und einen neuen Aufbruch in die Ökumene möglich gemacht. Er hat eine neue Kirche lebendig werden lassen.

Es gibt viele in der katholischen Kirche, die sagen, wenn all diese Reformen angesetzt werden, die Sie fordern, dann machen Sie die Kirche ein Stück weit evangelischer und geben das Katholische auf.
Die Kirche wird ein Stück evangelischer werden, keine Frage. Aber wir werden immer unsere eigene Art bewahren, dieses globale Denken, die Universalität, das unterschei-

det uns eben von einer gewissen Enge der evangelischen Landeskirchen. Das soll auch so bleiben, so wie das Amt. Aber wenn sich wieder alles im Amt konzentriert, dann steht am Ende wieder der mittelalterliche Pfarr-Herr, der Fürstbischof und eben der Papst als der absolute Herrscher, der gleichzeitig Exekutive, Legislative und Judikative verkörpert: alles im Widerspruch zur modernen Demokratie und zum Evangelium.

Sie und Benedikt sind auf zwei unterschiedlichen Wegen unterwegs. Sie wollen die Kirche reformieren, um sie lebendig zu halten. Der Papst versucht, die Kirche nach außen abzuschotten und immer mehr einzuengen auf einen konservativen Kern, der möglicherweise überlebt.

In der Tat. Früher hat man das römische System mit dem kommunistischen verglichen. In dem auch einer alles zu sagen hatte. Heute frage ich mich, ob wir nicht in einer Phase der Putinisierung der katholischen Kirche stehen. Selbstverständlich will ich nicht den Heiligen Vater als Person mit dem unheiligen russischen Staatsmann vergleichen. Aber strukturell, politisch gesehen finden sich viele Ähnlichkeiten. Putin hatte ja auch ein Erbe von demokratischen Reformen übernommen. Er tat aber alles, um sie möglichst zurückzunehmen. In der Kirche hatten wir das Konzil, das eine Erneuerung und ökumenische Verständigung initiierte. Selbst Pessimisten haben sich nicht vorstellen können, dass solche Rückschläge danach möglich wären. Die Restaurationspolitik des polnischen Papstes seit den achtziger Jahren machte es möglich, dass schließlich der gleichgesinnte Chef der hochgeheimen Glaubensinquisition – und es ist immer noch Inquisition, auch wenn es heute »Glaubenslehre« heißt – zum Papst gewählt wurde.

Ein gewagter Vergleich.
Der natürlich nicht überstrapaziert werden darf. Aber leider sind bei aller Anerkennung des Positiven analoge negative Entwicklungen nicht zu übersehen. Praktisch haben Ratzinger wie Putin ihre ehemaligen Mitarbeiter in führende Positionen gebracht und andere, die ihnen missliebig waren, kaltgestellt. Und man könnte noch weitere Vergleiche ziehen: Entmachtung des Parlaments/der Bischofssynode; Degradierung der Provinzgouverneure/der Bischöfe zu Befehlsempfängern; eine konformistische »Nomenklatura«; eine Resistenz gegen echte Reformen. Ratzinger hat seinen Assistenten aus seiner Zeit als Chef der Glaubensbehörde zum Kardinalstaatssekretär und damit zum Stellvertreter des Papstes befördert.

Was ist daran schlimm?
Dass unter dem deutschen Papst sich eine kleine vorwiegend italienische Clique von Jasagern an die Hebel der Macht setzen konnte, die kein Verständnis für Reformforderungen haben. Ihre Vertreter finden sich sogar unter den Jurymitgliedern des von italienischen Banken gesponserten neuen Ratzinger-Preises für theologische Studien: neben dem erwähnten Kardinalstaatssekretär Tarcisio Bertone der Kardinal Angelo Amato, ebenfalls unter Ratzinger Sekretär der Glaubenskongregation und heute Präfekt der Heiligsprechungskongregation. An der Spitze der reaktionäre Ex-Präsident der italienischen Bischofskonferenz, Kardinal Camillo Ruini. Alle diese Kurialen sind mitverantwortlich für die Stagnation, die jede Modernisierung des kirchlichen Systems erstickt.

Was haben die Verhältnisse im Vatikan mit der Lage der Kirche in Deutschland zu tun?
Hinter aller römischer Freundlichkeit, liturgischer Pracht-

entfaltung und Pseudostaatlichkeit verbirgt sich massive Machtpolitik. Der Vatikan kontrolliert die Besetzung von Bischofsstühlen und Theologie-Lehrstühlen und lässt nur Vatikankonforme passieren. Seine Nuntien überwachen die Bischofskonferenzen und informieren laufend die Zentrale. In diesem System haben Denunzianten wieder Hochkonjunktur. Jeder reformorientierte Pfarrer in Deutschland, auch jeder Bischof, muss Angst haben, dass er in Rom denunziert wird. Dazu kommt der gewaltige vatikanische Einfluss über die Medien – siehe Papstbesuch!

Welche Rolle spielt der Kölner Kardinal Meisner, ein ausgewiesener Hardliner, in diesem innerkirchlichen Gerangel?
Es ist ein offenes Geheimnis, dass die Bischofskonferenz zunehmend unter den Einfluss von Meisner geraten ist, was man eigentlich nicht für möglich gehalten hätte. Meisner hat eben den direkten Draht zum römischen Machtkern. Zu seinem Gefolge zählen jüngere Bischöfe wie Tebartz-van Elst in Limburg. Auch der neue Erzbischof in Berlin, Rainer Woelki, ist ein Meisner-Schützling. Man versucht, die strategisch wichtigsten Posten zu besetzen, auch das hat System. Man will mit allen Mitteln das Herrschaftssystem stärken.

Ihre Prognose klingt düster.
Mir liegt sehr viel daran, dass wir nicht in Pessimismus versinken. Aber meine Diagnose ergab, dass die Kirche krank ist, es ist die Krankheit des römischen Systems. Da kann ich nicht einfach wie ein schlechter Arzt sagen, es wird schon alles gut werden.

Was wäre die Gegentherapie?
Die Basis muss ihre Kräfte sammeln und sich so zur Gel-

tung bringen, dass das System nicht mehr an ihr vorbei-
kommt. In meinem Buch habe ich einen umfassenden
Maßnahmenkatalog vorgestellt.

**Anfang 2011 hat es eine Initiative prominenter deutscher
Katholiken zur Abschaffung des Pflichtzölibats gegeben.
Die Wirkung war null.**
Es gibt aber auch Anzeichen, dass Widerstand nicht
vergeblich ist. Das römische Verbot von Ministrantinnen
scheiterte am Ungehorsam von Seelsorgern und Gemeinden. In Österreich haben sich rund 400 katholische Priester und Diakone zu einer Pfarrer-Initiative zusammen-
getan, die angesichts der »römischen Verweigerung einer
längst notwendigen Kirchenreform und der Untätigkeit
der Bischöfe« zu offenem »Ungehorsam« aufruft. Sie wollen etwa das vatikanische Predigtverbot für Laientheo-
logen missachten und wiederverheiratete Geschiedene,
Protestanten, sogar Ausgetretene zur Kommunion zu-
lassen. Vom Wiener Kardinal Christoph Schönborn wurden
sie sofort mit Sanktionen bedroht. Aber sie berufen sich
auf ihr Gewissen und lassen sich nicht mehr einschüch-
tern. Nicht die vom Großteil der Bevölkerung unterstütz-
ten Reformbereiten gefährden die Einheit der Kirche,
sondern die halsstarrigen Hierarchen, die ein neues Aus-
trittsdesaster provozieren.

**2010 haben Sie einen offenen Brief an alle Bischöfe der
Welt geschrieben, in dem Sie Ihre Kritik am Papst und am
römischen System sehr ausführlich begründet haben.
Wie war denn das Echo?**
Es gibt rund 5000 Bischöfe auf der Welt, und keiner hat
sich öffentlich zu äußern gewagt. Das zeigt doch, dass da
etwas nicht stimmt. Wenn Sie mit einzelnen Bischöfen reden, hören Sie oft: »Im Grunde ist es so, wie Sie sagen,

aber man kann nichts machen.« Es wäre wunderbar, wenn ein prominenter Bischof mal verlauten ließe: »So geht es nicht weiter! Wir können nicht die ganze Kirche opfern, um den römischen Bürokraten zu gefallen.« Aber bisher hat keiner den Mut gezeigt. Das Ideal wäre für mich eine Koalition aus Reformtheologen, reformbereiten Laien und Seelsorgern mit reformbereiten Bischöfen. Die kämen natürlich in Konflikt mit Rom, aber der muss dann in kritischer Loyalität durchgestanden werden.

So ist die Reformation entstanden vor 500 Jahren. Auch damals war das römische System nicht in der Lage, die Kritik von unten zu begreifen.
Man wundert sich nach 500 Jahren, dass die damaligen Päpste und Bischöfe nicht erkannt haben, dass eine Reform nötig ist. Luther wollte keine Kirchenspaltung, aber Papst und Bischöfe waren blind. Heute hat man den Eindruck, dass es wieder ähnlich ist.

Würde ein Konzil der Kirche helfen?
Ich hoffe, dass ein Konzil kommt oder jedenfalls eine repräsentative Versammlung der katholischen Kirche.

Glauben Sie, dass Sie ein solches Konzil noch erleben?
Man sollte Gottes Gnade keine Grenzen setzen.

Herr Professor Küng, wir danken Ihnen für dieses Gespräch.

»JESUS WAR AUCH MAL EIN ZECHER«

**Thomas Gottschalk über sein Verständnis
des Evangeliums und seine weihrauchselige
Erinnerung an die eigene Ministrantenzeit**

Herr Gottschalk, ein kleiner Wissenstest: Großer Gott, wir loben Dich – wie geht's weiter?

(Singt) Herr, wir preisen Deine Stärke. Vor Dir neigt die Erde sich …

Reicht schon. Und die zweite Strophe?

Alles, was Dich preisen kann, Cherubim und Seraphinen, stimmen Dir ein Loblied an, alle Engel die Dir dienen, rufen Dir …

Können Sie alle elf Strophen auswendig?

Bei der neunten wird es eng.

Also dann ein zweiter Test: Ich glaube an Gott …

(Murmelt) … den Vater, den Allmächtigen, den Schöpfer des Himmels und der Erde …

Stopp, wir haben Sie offensichtlich unterschätzt. Nächster Schwierigkeitsgrad: bitte auf Latein.

Credo in Deum, Patrem omnipotentem … Aber nachdem ich die höheren Weihen habe, leg ich gern freiwillig noch einen drauf, die lateinischen Wandlungsworte des Priesters: Hic est enim calix sanguinis mei, novi et aeterni testamenti; mysterium fidei; qui pro vobis et pro multis effundetur in remissionem peccatorum.

Um Himmels willen, wir sitzen hier unter der Sonne Malibus und nicht im Kölner Dom.

Sie haben angefangen, und ich wollte Ihnen beweisen,

dass ich in der katholischen Liturgie ziemlich standfest bin.

Das klingt nach einem gläubigen Thomas. Loben Sie Gott, glauben Sie an ihn?
Das gebe ich zu, aber das hatte nichts mit Religiosität zu tun, sondern eher mit Blättern in der Kinderbibel. Wenn du dein Leben lang geglaubt hast, dass Jesus am Palmsonntag auf einem Esel in Jerusalem eingezogen ist, und dann kommt er da auf einmal leibhaftig um die Ecke – Hosianna! Das war wie beim Apostel Thomas in der Bibel, als der seine Hände in die Seite des Herrn legen durfte. Da habe ich einmal kurz trocken geschluchzt, es war sozusagen eine Trocken-Träne. Außerdem war dieser Jesus blond, das war auch eine persönliche Genugtuung.

Das wäre ja auch noch eine Karriere: Statt zur ARD als Jesus nach Oberammergau.
Leider war Jesus in meinem Alter bereits in den Himmel aufgefahren und hatte es sich zur Rechten Gottes bequem gemacht. Ich bewege mich ja mittlerweile bereits in Richtung Abraham.

Sie vertrauen auf Gott und Ihren Schalk – so hat es Michelle Hunziker einmal ausgedrückt. Inwieweit hilft Gott?
Auf jeden Fall schicke ich öfter Dank- als Bittgebete zum Himmel.

Heute auch schon?
Nein. Ich freue mich zwar, dass Sie da sind, aber als Geschenk des Himmels betrachte ich Sie nicht.

Kann ja noch werden.
Im Ernst: Ich gehe nicht davon aus, dass der liebe Gott

Zeit hat, sich um meine Quoten zu sorgen. Dieter Bohlen muss ich schon alleine schlagen. Aber ich empfinde eine große Dankbarkeit für die Tatsache, dass ich eine Frau gefunden habe, die mir in mehr als 35 Jahren nicht abhandengekommen ist, und dass ich zwei gesunde Kinder habe, die halbwegs normal geraten sind, obwohl ich ihr Vater bin.

Das klingt nicht unbescheiden.
Warten Sie, das war noch nicht alles. Der liebe Gott hat mir auch eine Fähigkeit geschenkt, mit der er offensichtlich relativ sparsam umgegangen ist. Es gibt vergleichsweise viele Menschen in Deutschland, die Beethovens »Mondscheinsonate« auswendig spielen können. Das kann ich nicht. Aber es gibt nur wenige Menschen, die sich entspannt – und ohne sich verstellen zu müssen – vor einer Fernsehkamera bewegen können. Ich muss mir keine Pseudo-Fröhlichkeit zurechtlegen oder zurechtlegen lassen, sondern bin vor der Kamera weitgehend so, wie Gott mich geschaffen hat. Und ich lebe gut davon. Das empfinde ich als ein großes Geschenk.

Und diese Begabung halten Sie für eine Gottesgabe?
Ja, so sehe ich das. Ich habe mich nie richtig anstrengen müssen, habe weder wie die Mediziner den Pschyrembel noch wie die Juristen den Schönfelder auswendig lernen müssen, und ich habe auch keine fünf Sprachen gelernt. Ich habe etwas geschenkt bekommen, was man sich nicht erarbeiten kann.

Andere führen das auf ihre Erziehung zurück oder schlicht eine Verkettung von Zufällen.
Ich will hier nicht von einer göttlichen Fügung faseln, die mich nun letztendlich zur ARD geführt hat. Aber ich glau-

be sehr wohl, dass dort oben einer mein Leben lenkt. Ich bin immer in jede Ecke gegangen, in die ich wollte, manchmal auch in dunklere, in die er mich sicher nicht geschickt hätte. Aber auch da habe ich Gott nicht verloren, und ich habe auch nie den Eindruck gehabt, dass er mich dort vergessen hätte. Und er hat mir ein Talent geschenkt, das wenige haben. Was ich kann, ist in mir drin, ohne dass meine Eltern mir das vererbt hätten oder als Vorbild gedient haben. Allenfalls noch Tante Hildegard, die war sehr musikalisch und ein echtes Showtalent. Sie konnte unglaublich gut Klavier und Orgel spielen, als Zwölfjährige ist sie im Rundfunk aufgetreten. Dann ist sie ins Kloster gegangen. Sie sehen also: Auch familiär gibt es eine Nähe zum Glauben.

Eine Ordensschwester als Vorbild für den Lebemann Gottschalk?
Sie war mir in ihrer Denkweise, aber nicht in ihrer Lebensweise ähnlich. Die saß in einem Redemptoristinnen-Konvent, und bei meinen ersten Besuchen konnte ich nur durch ein Gitter mit ihr sprechen. So ein Leben wäre nichts für mich gewesen. Es war vielleicht auch nichts für sie, aber sie hat ihre Lebensfreude dabei nie verloren. Ich habe ja mal allen Ernstes überlegt, Theologie zu studieren und Priester zu werden. Aber mich von der Welt in ein Kloster zurückzuziehen? Darüber hätte ich nicht mal nachgedacht, wenn mir dafür die Heiligsprechung garantiert worden wäre. Ich gebe zu: Ich bin eitel, ich lasse mich gerne beklatschen, ich bin zweifelsohne ein oberflächlicher Mensch. Ich schätze den schnellen Ruhm, das schnelle Geld, die schnelle Vergnügung. Und doch finde ich immer zurück in eine gewisse Demut. Das Allerschlimmste sind für mich Arroganz und Selbstüberschätzung.

Unser Beileid, da müssen Sie sich hier in Malibu ja fürchterlich unwohl fühlen. Oder sind Sie hier auf Mission? In der Nachbarschaft gäbe es bestimmt genügend Kandidaten – von Mel Gibson mal abgesehen.

Oh ja, der ist noch katholischer als ich. Der kann mir einiges erzählen.

Also: Wie leben Sie Ihren Glauben an einem gottlosen Ort wie Malibu?

Egal wo – in meiner persönlichen Umgebung versuche ich, eine wesentliche Anforderung des Christentums zu erfüllen: Liebe Deinen Nächsten wie Dich selbst. Darüber will ich nicht theoretisieren, das will ich praktisch umsetzen. Es gibt Kollegen von mir, die sich für Afrika einsetzen und gegen alles Elend der Welt ankämpfen, aber nicht mitbekommen, dass ihre eigenen Kinder kiffen und koksen. Da ist mir meine Mission lieber: Ich will für meine Frau und meine Kinder, wenn sie mich brauchen, genauso da sein wie für alle anderen, für die ich verantwortlich bin, Putzfrau oder Gärtner. Schon aus Dankbarkeit dafür, dass ich mir dieses Personal überhaupt leisten kann. Diese Menschen sollen mich erleben als jemanden, der die Frohe Botschaft für sich als Maßstab nimmt. Auch wenn ich sehr genau weiß, dass die Wirkung meiner Bergpredigten begrenzt ist, gerade bei meinen Kindern.

Liebe Deinen Gärtner und Deine Putzfrau wie Dich selbst – was heißt denn das?

Es ist nicht so, dass ich mit dem Weihrauchfass ums Haus ziehe und meine Mitarbeiter missioniere. Ich versuche einfach, kein Arschloch zu sein. Ich vermeide es, andere zu piesacken, ich verachte dieses herzlose und gedankenlose Verlangen von Leistungen anderer, die man ohne Dankbarkeit zur Kenntnis nimmt. Wenn ich schon die Welt nicht retten kann, will ich wenigstens den Menschen, mit denen ich täglich Umgang habe, positiv begegnen – auch wenn Sie meine Hecken schneiden oder meinen Dreck wegputzen.

Selig sind die, die kein Arschloch sind – klingt ganz gut, aber verlangt die christliche Botschaft nicht mehr?
Mit meinem Wirken werde ich nicht heiliggesprochen, aber damit komme ich auch nicht in die Hölle, und das reicht mir.

Machen Sie es sich da nicht zu einfach?
Das ist schwer genug. Die Familie wächst, gerade ist eine Schwiegertochter dazugekommen, die in Las Vegas aufgewachsen ist. Auch für einen katholischen Familienvater, der Sanftmut und Nächstenliebe predigt, eine echte Herausforderung!

Na ja, Malibu und Las Vegas sind ja nicht grundverschieden. Führen Sie doch bitte mal fort: Eher geht ein Kamel durch ...
... ein Nadelöhr, als dass ein Reicher Einzug findet ins Himmelreich.

Dank Ihres Reichtums könnten Sie mehr Gutes tun als nur Ihren Gärtner zu erheitern.
Natürlich bezahle ich ihn auch anständig. Aber wenn wir von den Reichen in Malibu sprechen, dann gehöre ich kaum dazu. Das Nadelöhr hier ist ganz schön breit.

Da passen Sie durch?
Aber locker! Dass ich ein wohlhabender Mensch bin, ist mir natürlich trotzdem bewusst. Ich kaufe mir Schuhe, die ich nicht unbedingt brauchte, und ein Auto, das auch nicht sein müsste, vielleicht sogar zwei.

Ohne schlechtes Gewissen?

Ich sage mir: Dieses Auto, das ich mir leiste, haben andere Menschen gebaut, die dafür gut bezahlt worden sind, sonst wäre es nicht so teuer. Ich will mich hier nicht als ernster Bibelforscher aufspielen, aber ich führe zu meiner Verteidigung die Geschichte von Jesus und der Frau an, die ihm mit teurem Öl die Füße salbt. Da kamen auch gleich die Kritiker angerannt und haben sich über die Luxus-Pediküre beschwert. Man sollte das Öl lieber verkaufen und das Geld den Armen geben. Jesus aber sagt: Lasst die Frau, sie will mir Gutes tun. Er hat eben auch Lebensfreude gepredigt und war auch mal ein Zecher. Von diesem pharisäerhaften und selbstgerechten Gutmenschentum hielt er nichts. Auch deshalb schätze ich seine Botschaft.

Dient sie Ihnen auch als Maßstab für Ihre Arbeit als Fernsehmoderator?

Ich sehe mich als Showmaster in der Pflicht, Menschen zu unterhalten, ohne andere dabei zu beschädigen. Natürlich lebe ich auch von kleinen Unverschämtheiten, aber ich überlege mir genau, wen ich wo treffe. Dass Menschen vorgeführt werden, werden Sie bei mir nie erleben. Das wird oft als Harmoniesucht missverstanden und als Harmlosigkeit kritisiert, dabei ist es etwas anderes: mein Verständnis vom Umgang mit Menschen. Vielleicht ist Liebe dafür ein zu großes Wort, aber Respekt ist doch auch schon was.

Ist das Seelsorge?

Nicht im Sinne von Bekehrung oder moralischer Aufrüstung. Aber in einem anderen Sinne verstehe ich meine Arbeit durchaus als Seelsorge: eine gewisse Dunkelheit wegblasen, Menschen entkrampfen und entspannen, das trifft es vielleicht. Immerhin schalten mich die Leute noch ein, insoweit bin ich ein Menschenfischer. Und wenn dann einer, der regelmäßig seine Frau beschimpft, nicht dazu kommt, weil er mir zuschaut und dabei vielleicht sogar entdeckt, dass er sich gemeinsam mit ihr noch amüsieren kann, dann ist das doch kein Nichts. Ich gebe gerne zu, dass ich mir da vielleicht etwas vormache, meine Art von Lebenslüge. Die ist mir allemal lieber, als an der möglichen Sinnlosigkeit meines Tuns zu verzweifeln.

Pater Thomas, der Hohepriester der Unterhaltung?
Wenn Ihnen das so gut gefällt, dann schreiben Sie's meinetwegen. Wobei Hoher Priester immer etwas Bärtiges, Altväterliches, Statuarisches hat, das nicht so recht zu mir passt. Da ist mir Johannes der Täufer näher, der so lange in der Gegend rumgemault hat, bis er enthauptet wurde.

Sie haben mal gesagt, dass Ihr Gottvertrauen entweder als Wunder oder als Einfalt im Geiste zu betrachten ist. Was ist denn wahrscheinlicher?
Wenn ich mich entscheiden muss, dann wähle ich demütig die Einfalt im Geiste. Die ich aber nicht zu unterschätzen bitte, sie bringt einen jedenfalls weiter als intellektuelle Arroganz. Darf ich eine weitere Tante von mir ins Spiel bringen?

Aber bitte.
Also: Tante Sophie, eine Kriegerwitwe. Die ist an jedem Herz-Jesu-Freitag früh um fünf aufgestanden und in die Kirche marschiert. Sie hat nicht herumphilosophiert und nicht viel von der Welt gesehen, saß meistens in ihrer Einzimmerwohnung und nie in einem Flugzeug. Aber Tante Sophie hat nichts vermisst, sie hat nie geklagt und war

immer bester Laune. Sie hat das, was ihr das Schicksal angetan hat, gottgläubig weggesteckt und hat sich für das, was das Leben ihr gegeben hat, beim lieben Gott bedankt. Ich habe selten einen glücklicheren, zufriedeneren Menschen gesehen. Ganz anders als die vielen schönen, reichen, intelligenten und erfolgreichen Menschen, die mir privat und beruflich jeden Tag begegnen und die von nichts genug bekommen. Tante Sophie ist im hohen Alter glücklich gestorben, weil sie wusste, dass ihr der Himmel offensteht. Der Großdenker Nietzsche hat schon auf Erden die Hölle durchgemacht und sich danach nichts Besseres erwartet. Da bin ich bei Tante Sophie. Und wenn Sie mir jetzt heilige Einfalt vorwerfen, widerspreche ich Ihnen nicht.

Der katholische Glauben wird nicht so oft mit Fröhlichkeit à la Tante Sophie verbunden. Viele Kirchenvertreter wirken rückständig, verklemmt, verkopft.
Aber nicht die, mit denen ich groß geworden bin! Es hängt ja alles davon ab, in welchen Katholizismus du hineinwächst und mit welcher Geisteshaltung du ihn lebst. Da habe ich mehrfach Glück gehabt. Ob Sie wollen oder nicht – jetzt muss ich auch noch mit Onkel Hans um die Ecke kommen. Er war für mich da, als mein Vater gestorben ist, da war ich 14. Onkel Hans war Priester und Religionslehrer und hat mich eingehüllt mit lebendigem Glauben. Dieser Mensch war ein Ausbund an Geduld, Fröhlichkeit, Eloquenz, Witz, aber eben auch ein Mensch von einer tiefen Religiosität.

In einer solchen Familie werden die Söhne natürlich Ministranten. Hat es Ihnen Spaß gemacht, das Weihrauchfass zu schwenken?
Selbstverständlich! Und nur falls Sie nicht zu fragen wa-

gen: Missbrauch in irgendeiner Form habe ich nie erlebt. Heute hat man ja den Eindruck, dass jeder halbwegs hübsche Messdiener – und ich hoffe, ich war einer – von irgendeinem Kaplan mal unsittlich angegrapscht worden ist. Das habe ich nie auch nur im Ansatz mitbekommen. Meine Erinnerungen sind ausschließlich positiv, für mich heißt Kirche auch: die Lagerfeuer-Romantik in den Jugendlagern, die geheimnisvollen Kreuzgänge beim Urlaub im Kloster, der Weihrauch in den lateinischen Hochämtern und die Morgensonne, die sich im Mosaik der Kirchenfenster bricht.

Verklären Sie da nicht die Vergangenheit?
Und wie! Aber entscheidend ist doch: Das alles gehörte zu meinem Alltag. Auf dem Weg zum Schwimmbad noch schnell bei einer Beerdigung ministrieren, das Messdienergewand über der kurzen Lederhose – das spüre ich heute noch. Dafür gab's 50 Pfennig, der Eintritt ins Schwimmbad kostete nur 30, für den Rest habe ich mir ein Senfbrötchen und ein Eis gekauft. So stand ich dann bei der Beerdigung in bester Laune zwischen all diesen weinenden Menschen.

Als Sie sieben Jahre alt waren, sollen Sie zu Hause im Messgewand gepredigt haben.
Meine Mutter musste fünf Akkorde am Klavier spielen, dann begann die Prozession: Ich bin ins Wohnzimmer eingezogen, habe den Segen erteilt und auf dem Sessel meine Predigten gehalten.

Vor der gläubigen Gemeinde aus Mutter, Bruder und Schwester?
Notfalls auch ohne Gemeinde.

Priester sind Sie dann nicht geworden, aber immerhin einer katholischen Studentenverbindung beigetreten. Warum?

Meine Mutter hat befürchtet, ich würde beim Studium unter die Räder kommen, und mein Vater war CVer.

Also im Cartellverband, dem Zusammenschluss katholischer deutscher Studentenverbände.

Genau, er war bei der Salia Breslau. Im Übrigen kamen die hohen Stiefel und bestickten Jacken meinem Verkleidungswahn entgegen – im Cartellverband waren das nette Menschen, keine Taliban-Katholiken. Ich bin sowieso überzeugt: Egal, wo du gerade bist, bei einer katholischen Studentenverbindung oder bei einem Wahlabend der Linken, in Kulmbach oder in Berlin. Unter zehn Menschen sind immer acht anständige, ein Verbrecher und ein Idiot. Das ist auf der ganzen Welt so, auch wenn ich statistisch vielleicht etwas danebenliege. Aber nur etwas.

Zu Ihrer Welt gehörte auch der Club der Aufrechten, eine Gruppe des Kreuzbundes, der Sie als Jugendlicher beigetreten sind. Das Gelübde klingt entbehrungsreich: kein Alkohol, kein Zigaretten, keine anderen Drogen.

Keine Ahnung mehr, was das für ein Laden war, aber an den »Aufrechtenkalender« kann ich mich in der Tat erinnern. So eng habe ich das allerdings nie gesehen. Eine Lucky Strike zwischendurch musste drin sein, die rauchte auch Kommissar X. Ich tauge nicht zum Asketen und bin auch nicht besonders diszipliniert. Allerdings versuche ich immer, ein gewisses Maß zu finden. Mir sind Fanatiker aus jeder Ecke suspekt. Ich sündige und hoffe auf Vergebung. Das ist zwar nicht der direkte Weg in die Seligkeit, aber den Umweg über das Fegefeuer nehme ich in Kauf.

Was heißt denn das: das Leben genießen und die Sünden dann schnell beichten?

Ich habe manche Sünden in der festen Überzeugung begangen, dass der allwissende Gott ja gesehen hat, dass es gerade nicht anders ging.

Bei vielen kommt später, etwa beim Erwachsenwerden, ein Bruch mit dem Glauben – den haben Sie wohl verpasst?

Auch mein Glauben ist auf die Probe gestellt geworden, auch ich habe Niederlagen durchlebt, und die wenigsten meiner Gebete wurden erhört. Aber ich habe trotzdem bisher keinen Grund gesehen, meinen Glauben aufzugeben.

Was hat der Christ Gottschalk gedacht, als Samuel bei »Wetten dass ...?« gestürzt ist und offensichtlich schwer verletzt war?

In diesem Moment, mit fast zehn Millionen Zuschauern vor den Fernsehern und 3000 Menschen in der Halle, hat erst mal der Entertainer und nicht der Christ reagiert. Aber auch da hat mir meine Art geholfen, aufrichtig zu sein und kein angelerntes Showmastergeschäft zu betreiben. Wer in der Lage ist, damit umzugehen, dass ein Mensch mit den Zähnen eine Kokosnuss schält, der muss auch Worte finden, wenn ein Mensch bei dem Versuch, über ein Auto zu springen, auf den Rücken fällt. Auch die negativen Seiten der Wirklichkeit habe ich immer besser bewältigen können, weil ich mein Gottvertrauen habe.

Wie denkt der Christ Gottschalk heute?

Natürlich stelle ich mir viele Fragen, nachdem ich gesehen habe, wie ein Mensch aus nichtigstem Anlass – um eine Wette zu gewinnen! – aus der Bahn seines Lebens geworfen worden ist. Beeindruckend ist für mich die Reaktion von Samuel und seiner Familie. Die haben eine große Frömmigkeit und einen festen Glauben. Schon am Tag nach dem Unfall habe ich in der Frühe mit der Familie im Hotelzimmer ein Vaterunser gebetet. Das hat uns eine gemeinsame Ebene gegeben, ihnen in ihrer Verzweiflung, mir in meiner Ratlosigkeit. Da war plötzlich eine Nähe da, auch eine Form von Geborgenheit. Später habe ich auch mit Samuel gebetet, als ich ihn besucht habe.

Ihr Glaube wirkt ziemlich unerschütterlich.
Natürlich können wir jetzt stundenlang über die Ungerechtigkeit und das Leid in der Welt reden, über das Theodizeeproblem und darüber, ob Glaubenskritiker wie Richard Dawkins mit seinem »Gotteswahn« nicht die besseren Argumente haben. Ich halte mich an den Theologen Hans Küng und stehe zu meinem – wie er es ausdrückt – »in der Vernunft begründeten Vertrauen« in einen Allmächtigen Gott.

Werden Sie gläubiger, je älter Sie werden?
Zumindest wird mir meine Endlichkeit immer klarer. Wenn ich 20 Jahre zurückblicke, scheint das nicht weit entfernt, und wenn ich 20 Jahre nach vorne schaue, sehe ich einen Greis. Einen coolen Greis, der immer noch anders unterwegs ist als andere Greise. Aber nichtsdestotrotz wird mir immer deutlicher, dass das Ganze hier ein Ende finden wird. Da lebt es sich besser in dem Glauben: Es ist dann nicht alles aus.

Sind Sie sich sicher?
Nein, wie sollte ich? Ich sage mir nur: Wenn denn alles aus wäre und ich mich, wie viele andere Menschen vor mir, getäuscht haben sollte, habe ich nichts zurückzunehmen. Ich habe mich nicht um mein Lebensglück gebracht, indem

ich dieses als Christ gelebt habe, bei Weitem nicht. Bisher hat doch kein Forscher an irgendeiner Ecke der Welt einen Stamm gefunden, der nicht einen Ansatz von Religiosität in sich trägt, sei es Schamanentum, sei es Zauberei. Bei mir ist es eben der Katholizismus. Ich bin, ohne darum gebeten zu haben, dort hineingewachsen, in ein Erklärungsangebot, das mir zusagt und das ich nicht wegwerfen will.

Dieses Erklärungsangebot hat aber so seine Tücken. Da gebärt eine Jungfrau jemanden, der kurz nach seiner Kreuzigung aufersteht, später in den Himmel auffährt und heute der Gemeinde in Hostienform dargeboten wird – so ganz leicht ist das ja nicht nachzuvollziehen. Hatten Sie nie den Drang, das alles zu hinterfragen?

Bei wem denn bitte? Ich arbeite mich nicht an der leiblichen Aufnahme Mariens in den Himmel ab, und wenn der Papst etwas gegen die Empfängnisverhütung sagt, geht mir das sonstwo vorbei. Es geht um das Grundsätzliche: Hat Gott die Menschen oder haben die Menschen Gott erschaffen. Paulus sagt so, Marx sagt so. Und die waren beide schlauer als ich. Mit dem Glauben an Gott sterbe ich einfach lieber, wenn ich schon muss. So schlicht denke ich. Aber Descartes dachte auch schon so, und andere große Geister ebenfalls: Augustinus oder Thomas von Aquin, Albert Schweitzer oder Karl Rahner.

Einige wird überraschen, dass Gottschalk ein religiöser Mensch ist.

Das muss auch keiner wissen. Meinen Glauben trage ich nicht vor mir her wie eine Monstranz. Ich bin ja nicht als Werbebeauftragter des deutschen Katholizismus im Fernsehen unterwegs. Ich verleugne ihn nicht, ich predige ihn aber auch nicht. Der SPIEGEL hat mich gefragt und nicht ich habe euch gefragt: Darf ich meinen missionarischen Eifer bei euch ausleben?

Der Glaube ist das eine, die Kirche das andere. Wenn Sie nicht an Ihrem Gott zweifeln – verzweifeln Sie dann manchmal an seinen Vertretern hier auf Erden?
Ich habe immer zwischen göttlicher Allmacht und menschlichem Unvermögen getrennt. Über Hirtenbriefe konnte ich mich nie aufregen. Was der Bischof von Bamberg am Sonntag auf mich niederpredigt, hat mich nie besonders erschreckt. Deswegen sage ich ja auch: Ich empfinde die katholische Kirche nicht als etwas Belastendes.

Dabei haben Kirchenvertreter Ihnen das Leben ganz schön schwer gemacht. Erzählen Sie doch mal von Prälat Heinrich.
Ach, der war für mich nicht in erster Linie Prälat Heinrich, sondern Rundfunkrat Heinrich. Damals beim Bayerischen Rundfunk hat er sich sehr an meinem Wirken gestört. Ich habe da mal die Fronleichnamsprozession auf die Autobahn umleiten wollen – und andere Verstöße gegen Sitte und Anstand begangen. Darüber hat sich dieser Gottesmann sehr empört, auch das Erzbischöfliche Ordinariat hat mehrfach gemeint, mich ermahnen zu müssen.

Wie haben Sie das zusammengebracht, Ihren fröhlichen Glauben mit solcher Starrköpfigkeit?
Ich habe weitergemacht und einfach den Mantel der Nächstenliebe darübergehängt.

Empört Sie gar nichts?
Die sexuellen Übergriffe im kirchlichen Bereich haben mich zutiefst empört. Aber wir reden hier von der Unfähigkeit des Personals, die Frohe Botschaft auch fröhlich zu ver-

künden. Klar sind die meisten frustriert. Das ist ja auch nicht einfach, wenn man so gar keine Beweise für seine Behauptungen hat.

Wie meinen Sie das?
Ich bin als schlichter Glaubensbruder genauso schlau wie der Papst, der weiß auch nichts. Wenn ich ihn träfe, würde ich sagen: Lieber Bene, nun bist du ja vielleicht etwas näher dran an deinem Chef als ich, sag ihm doch mal: »Lieber Gott, es ist für mich so schwierig, dieses ganze Ding hier durchzuziehen und Dein Christen-Volk auch nur halbwegs hinter mich zu bringen, lass doch bitte schnell mal meine Nachttischlampe an- und ausgehen, kein Problem für Dich, aber ich wäre dann gleich wieder ganz anders bei der Sache« – dann wird leider auch bei ihm nichts passieren. Seine Nachttischlampe ist genauso wenig gottesgesteuert wie meine. Ich hab's schon versucht, jetzt soll er mal.

Braucht die Kirche anderes Personal?
Früher gab es in jeder Dorfkirche einen Pfarrer, der hatte ein gewisses Ansehen und hat am Sonntag mehr oder weniger begnadet der Gemeinde erzählt, wo es langgeht. Inzwischen hat jeder Pfarrer fünf Gemeinden, und die Kirchen sind leer. Wie soll er da noch Ratgeber für Einzelschicksale sein?

Die Kirche hätte nicht ein solch großes Nachwuchsproblem, wenn sie nicht die halbe Menschheit vom Priestertum ausschließen würde. Sollten auch Frauen geweiht werden dürfen?
Da muss ich jetzt mal aufhören, den Netten zu geben, jetzt geht's ans Eingemachte. Diesem Konstrukt der katholischen Kirche, einer über 2000 Jahre gewachsenen

und damit doch sehr konservativen Veranstaltung ist meiner Meinung nach nicht damit geholfen, dass man sagt: Jetzt lass doch mal die Mädels ran. Ich persönlich habe schon geschluckt, als ich erstmals Ministrantinnen in Turnschuhen gesehen habe.

Wegen des Geschlechts oder wegen der Turnschuhe?
Nicht wegen der Turnschuhe.

Sie finden es also gut, dass Frauen in der Kirche nicht gleichberechtigt sind?
Ich kämpfe in meiner Ehe seit mehr als 30 Jahren um Gleichberechtigung, also kommen Sie mir nicht mit der Macho-Nummer. Lassen Sie mich es in der Fernsehsprache sagen: Wenn die Zuschauer wegbleiben, hilft es auch nichts mehr, am Format rumzuschrauben. Ich bin als Kind jeden Sonntag in die Kirche gegangen, obwohl mir da mehr oder weniger finstere Herren regelmäßig mit der Hölle gedroht haben. Meine Söhne werden jetzt nicht auf einmal ihre Sonntagspflicht erfüllen, nur weil sie dort von einer verständnisvollen Kaplänin bemuttert werden.

Das Format, wie Sie es als Kind kennengelernt haben, war noch der Stand vor dem Zweiten Vatikanischen Konzil. Also: Credo in Deum – alles wieder auf Latein?
Nein, machen Sie mich hier nicht zum Piusbruder! Ich sage doch nicht, dass die Kirche sich nicht verändern sollte. Es war natürlich richtig, sich dem Volk zu öffnen und die Messen in Deutschland auf Deutsch zu lesen. Aber ich bezweifle, dass es die Kirche entscheidend weiterbrächte, wenn nun auch Frauen als Priester hinterm Altar stehen würden. Und das Byzantinisch-Mystische hat seine Wirkung auf einer ganz anderen Ebene gehabt. Vielleicht habe ich deswegen nie gekifft, weil ich schon genug Weihrauch

eingeatmet hatte. Aber so ein Te Deum mit Orgelfortissimo und Glockensturm bringt dich dem lieben Gott eventuell ein Stückchen näher als die Tasse grüner Tee mit dem Studentenpfarrer.

Wenn Ihnen diese Erlebnisse und Ihr Glaube so wichtig sind: Wie geben Sie all das an Ihre Kinder weiter?
Ich muss zugeben: Daran bin ich gescheitert. Die Zeiten haben sich einfach geändert. Ich hatte eine kitschige Kinderbibel, in der ich stundenlang geblättert habe. Meine Söhne können nichts mehr eine Stunde lang machen. Die Helden meiner Kindheit waren David und Samson oder Mose, der in seinem Binsenkörbchen auf dem Nil entlanggeschippert ist. Diese biblischen Geschichten waren meine Comics, meine Fantasy-Welt. Meine Kinder sind groß geworden mit Ninja Turtles, Power Rangers und Transformers.

Wollten oder konnten Sie das nicht verhindern?
Das lief einfach anders. Meine Eltern haben mich in Wallfahrtskirchen geschleppt, und wir haben in Klöstern Urlaub gemacht. Da bist du nur Heiligen begegnet. Damit hätte ich meinen Söhnen nicht kommen dürfen. Die wollten nach Disneyland oder Bayern München spielen sehen. Aber, wenn der liebe Gott gewollt hätte, dass ich seine Botschaft nachhaltiger in die Köpfe meiner Kinder pflanze, hätte er sie ähnlich fromm und schöngeistig ausstatten müssen wie mich. Was er nicht getan hat – selber schuld.

Mag ja sein. Aber nach allem, was Sie von Ihrer Kindheit und Jugend erzählt haben, muss es Sie selbst doch wahnsinnig reuen.
Ja, aber ich bin mit dieser Schuld nicht allein. Ich befürch-

te, dass in dieser Generation den meisten Eltern religiöse Erziehung nicht mehr so gelingen kann, wie das noch bei uns der Fall war.

Hatten Sie vielleicht schlicht keine Zeit für Ihre Kinder?
Nein, ein stabiles Elternhaus hatten sie. Ich muss mir nicht vorwerfen, dass ich sieben Kinder mit drei verschiedenen Frauen gezeugt habe, ohne mich um eines richtig zu kümmern, weil ich lieber meine Karriere verfolgt hätte. Ich war und bin ein Familienmensch.

Trotzdem fehlt Ihren Kindern etwas, das Ihnen so wichtig ist.
Ja, das tut mir auch irgendwo leid. Bei Madonna denke ich an Rosenkranz und »Meerstern ich dich grüße« und mein Sohn an »Like a Virgin«. Unsere Generation wurde in den Glauben hineinerzogen, und die nächste muss ihn vielleicht mühsam für sich suchen und finden. Eventuell der bessere Weg.

Gehen Sie nie mit Ihren Söhnen in die Kirche in Malibu?
Doch, aber nicht so oft, wie ich sollte. Das ist so eine Pappkirche, wo am Sonntag einer mit Gitarre und geschlossenen Augen Halleluja singt, während die Gemeinde sich an den Händen hält. Der amerikanische Katholizismus ist ein anderer und nicht meiner.

Ohne Weihrauch?
Den dürfen sie wahrscheinlich gar nicht benutzen, weil sonst die Pappe Feuer fängt. Es geht halt nichts über eine Mozart-Messe in der Theatinerkirche. Außer vielleicht das Verdi-Requiem im Petersdom.

Dann müssen Sie sich bei Ihren Besuchen im Vatikan ja sehr wohlgefühlt haben.

Jetzt im hohen Alter, wo das Zölibat nicht mehr ganz so belastend wäre, entwickle ich tatsächlich ein bisschen Neid auf diese Herren im Vatikan. Modisch bin ich dem Kardinalskollegium jedenfalls klar unterlegen. Und mit Schwiegertöchtern müssen die sich nur in Ausnahmefällen beschäftigen.

Die meisten Deutschen gehen gar nicht mehr sonntags in die Kirche. Ihren Alltag prägt nicht die Religion, sondern das Fernsehen. Was sagt es uns, dass am Samstagabend mehr Menschen »Wetten dass ...?« schauen als am nächsten Morgen die Gottesdienste besuchen?

Das ist in der Tat ein Problem. Vielleicht sollte man den Kirchen raten, ihr Programm zu überdenken und die Saalwette einzuführen?

Im Ernst: Was kann die Kirche von Ihnen lernen?

Ich befürchte: nichts. Ich würde niemandem etwas Gutes tun, wenn ich arrogant genug wäre zu sagen, das alles muss unterhaltsamer werden – kann es ja kaum. Da läuft ja jedes Mal sozusagen die Superwette.

Wie bitte?

Bei »Wetten dass ...?« frage ich: Glauben Sie, dass dieser Kandidat schneller über fünf Hindernisse springt als ein Pferd. Das klingt nach einer schwierigen Aufgabe, aber ist immer noch weit weniger unwahrscheinlich als die katholische Herausforderung: Bitte glauben Sie, dass sich Brot und Wein hier und jetzt in Jesu Leib und Blut verwandeln. Das ist schon ziemlich viel verlangt.

Herr Gottschalk, wir danken Ihnen für dieses Gespräch.

LEKTÜRETIPPS

Welches Buch an erster Stelle zu empfehlen ist? Natürlich das eine, das Buch der Bücher, die Bibel. Schnöde gezählt sind es ein paar Millionen Buchstaben in mehr als tausend Kapiteln. Gar nicht so viele eigentlich, jedenfalls keinesfalls unübertroffen (Arno Schmidts »Zettel's Traum« ist länger, Marcel Prousts »Auf der Suche nach der verlorenen Zeit« sowieso). Wer die Bibel von vorne bis hinten liest, vom ersten Buchstaben bis zum letzten, der braucht nach Schätzungen im Internet dafür nicht mehr als 49 Stunden — eine ganz neue Form, das Wochenende durchzumachen.

Eine Deutung der Bibel — genauer: der Hauptfigur des zweiten Teils — ist zuletzt von höchster Stelle verfasst worden. Der Papst hat zwei Bände über »Jesus von Nazareth« vorgelegt. Im ersten geht's »Von der Taufe im Jordan bis zur Verklärung«, im zweiten »Vom Einzug in Jerusalem bis zur Auferstehung«. Ohne das Wissen eines Theologieprofessors, aber mit der Wortgewalt eines Polemikers zieht der SPIEGEL-Journalist Matthias Matussek in die Glaubensschlacht. »Das katholische Abenteuer« hat er sein Buch genannt. Wer's lieber leiser mag, sei auf die Werke desjenigen Menschen verwiesen, der an der Universität Tübingen einst den heutigen Papst als Professorenkollegen hatte und heute vor allem für seine Kritik an der Kirche bekannt ist. Zu den jüngsten Werken des Theologen Hans Küng zählen: »Was ich glaube« und »Ist die Kirche noch zu retten?«. Unter den protestantischen Autoren hat niemand höhere Auflagen zu verzeichnen als Margot

Käßmann. Die Ex-Bischöfin hat in den letzten Jahren mehrere Bücher über das Leben verfasst, alle haben viele Leser gefunden: »Was im Leben trägt«, »In der Mitte des Lebens«, »Sehnsucht nach Leben«.

So viel zu den beiden großen christlichen Religionen in Deutschland. Wer mehr auch über andere Religionen erfahren will, kann zur Einführung das Standardwerk lesen, das Helmuth von Glasenapp verfasst hat: »Die fünf Weltreligionen«. Einen Überblick – im wahrsten Sinne des Wortes – verschafft auch »Herders neuer Atlas der Religionen«. Mehr als hundert Karten, Tabellen und Diagramme zeigen die vielfältige Suche der Menschen auf der Erde nach dem, was über dieses irdische Leben hinausgeht. Umfassend informiert ebenso »Der Brockhaus Religionen«: Die Aufzählung im Untertitel (»Glauben, Riten, Heilige«) ist keineswegs abschließend gemeint. Mit allen möglichen Formen des Glaubens beschäftigt sich das Buch von Reinhard Hempelmann und anderen: »Panorama der neuen Religiosität«. Auf vielen hundert Seiten halten die Autoren, was sie versprechen: »Sinnsuche und Heilsversprechen zu Beginn des 21. Jahrhunderts« in all seiner Vielfalt zu dokumentieren und zu erklären.

Natürlich muss man nicht gleich in die weite Welt schauen, um unterschiedliche Glaubensrichtungen zu finden. In Deutschland leben zahlreiche Menschen, die anderen Religionsgemeinschaften als den beiden großen Kirchen angehören. Über den jüdischen Glauben und das jüdische Leben hat Paul Spiegel, damals Präsident des Zentralrats der Juden in Deutschland, das Buch verfasst »Was ist koscher?«. Eine Einführung in die »Jüdische Kultur und Geschichte« gibt Peter Ortag in seinem gleichnamigen Werk. Einen Überblick über den Islam bietet der Tübinger Islamkunde-Professor Heinz Halm (»Islam«). Wer den Koran verstehen möchte, profitiert von der »Einführung«

des Erlanger Islamwissenschaftlers Hartmut Bobzin. Und wer den Koran lieber selbst lesen möchte, ohne Arabisch zu sprechen, kann zu Bobzins Neuübersetzung greifen.

Schließlich: Wer mehr über den Interviewpartner Thomas Gottschalk erfahren möchte, möge die Biografie lesen, die sein Freund Gert Heidenreich verfasst hat, der Schriftsteller und Ex-Präsident des westdeutschen PEN-Clubs. Heidenreich geht ausführlich auch auf Gottschalks Kindheit und Jugend ein. So lässt sich noch besser nachvollziehen, was der TV-Moderator im Interview in diesem Buch an mehreren Stellen anspricht: welch wichtige Rolle die Kirche in seinem Leben gespielt hat.

ABBILDUNGSNACHWEIS

DANK

Die Autoren danken den zahlreichen Kolleginnen und Kollegen, die einen Beitrag zu diesem Buch geleistet haben, insbesondere Viola Broecker, Anna Gerloff, Merve Japes, Judica Klages, Angelika Mette, Peer Peters, Elaine Reitz, Susanne Sayami, Ulrich Schwarz, Stefan Storz, Thomas Tuma, Antje Wallasch, Ursula Wamser, Peter Wensierski, Hella Ziegenhirt.

Das Interview mit Hans Küng ist eine gekürzte Fassung des SPIEGEL-Gesprächs, das in der Ausgabe 38/2011 erschienen ist. Das Gespräch führten die Redakteure Martin Doerry, Ulrich Schwarz und Peter Wensierski.